LA
QUESTION DU JOUR

PAR

Edgard FLORET

> Il faut bien placer le souverain législa-
> teur à la tête de la législation et se bien
> pénétrer de cette vérité philosophique, et
> la plus philosophique des vérités, que la
> révolution a commencé par la déclaration
> des droits de l'homme, et qu'elle ne fi-
> nira que par la déclaration des droits de
> Dieu.
>
> DE BONALD.
>
> *Discours préliminaire de la
> législation primitive.*

NIMES

IMPRIMERIE TYPOGRAPHIQUE J.-B. ROUCOLE,

GRAND COURS, PRÈS LA POSTE.

—

1871

LA

QUESTION DU JOUR

LA
QUESTION DU JOUR

PAR

Edgard FLORET

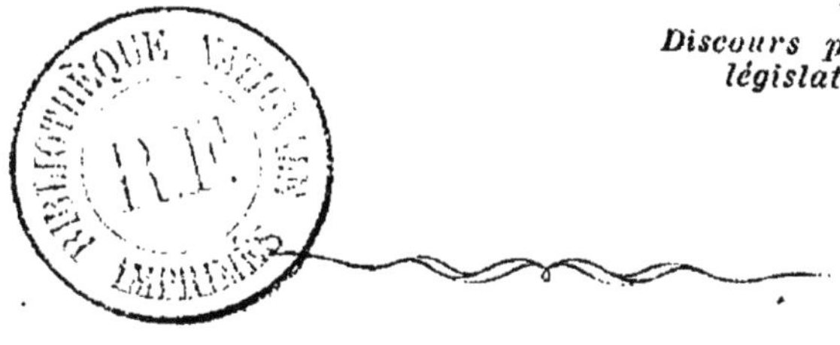

> Il faut bien placer le souverain
> législateur à la tête de la législation
> et se bien pénétrer de cette **vérité**
> philosophique, et la plus philoso-
> phique des vérités, que la révolution
> a commencé par la déclaration des
> droits de l'homme, et qu'elle ne
> finira que par la déclaration des
> droits de Dieu.
>
> DE BONALD.
> *Discours préliminaire de la*
> *législation primitive.*

NIMES

IMPRIMERIE TYPOGRAPHIQUE J.-B. ROUCOLE,

GRAND COURS, PRÈS LA POSTE.

—

1871

PRÉFACE

—

Un grand spectacle se déroule en ce moment sous les yeux de l'Europe. De graves événements s'accomplissent, de plus graves encore se préparent. Une anxiété extraordinaire règne dans les esprits, et l'on attend, avec une impatience fiévreuse, le dénouement de la crise qui tient en suspens l'attention du monde.

Un grand nombre d'écrivains politiques se sont flattés d'avoir trouvé et de donner la clé de la situation. Je n'ai pas à examiner s'ils ont tort ou raison. Pour moi, je n'ai pas la prétention d'expliquer les événements ; mais je crois avoir le droit de les étudier et d'en faire ressortir quelques enseignements. Je me suis inspiré, pour cela, de la considération d'autres événements, qui offrent une analogie plus ou moins directe avec les événéments actuels, et surtout de la considération des grands principes qui président aux destinées de l'humanité. Ces principes trouvent leur fondement dans l'action de la Providence, qui se révèle jusque dans les moindres circonstances de la vie des peuples. Je crois donc que Dieu est le maître comme le créateur de tout ce qui existe, et que, suivant sa volonté ou sa permission, les empires s'élèvent ou tombent avec des péripéties qui déjouent tous les calculs de la sagesse humaine. Je crois, par conséquent, que le principe religieux est le principal moteur de l'humanité, et que nul peuple, si puissant ou si faible soit-il, ne peut se soustraire à sa souveraine influence.

D'après ces données, j'ai étudié et jugé la situation de ma patrie. J'ai considéré attentivement les phases diverses de son histoire, je me suis réjoui de toutes ses gloires, je me suis affligé de toutes ses humiliations. Mais de l'étude comparée des causes qui ont amené cette succession de prospérités sans pareilles et de revers inouïs, je me suis convaincu que cette succession dépendait de son obéissance ou de sa renonciation aux principes de sa véritable constitution. J'ai remarqué que cette constitution est essentiellement empreinte de l'idée chrétienne, et que ce caractère n'a été altéré en elle que par le phénomène qui s'est appelé la Révolution. D'où j'ai été amené à conclure que la France ne reviendrait à son ancienne prospérité qu'en reniant le principe dissolvant de cette infernale puissance . et qu'en s'attachant inébranlablement à l'esprit salutaire et fécond du christianisme.

Ce n'est pas l'esprit de parti, ce n'est pas l'intérêt personnel qui m'ont inspiré ces lignes : c'est l'amour de ma patrie, c'est l'impulsion de ma conscience, c'est la conviction de ma foi. Je vois ma patrie souffrante et affligée, je voudrais la rendre florissante et prospère comme elle l'était jadis ; je la vois affaiblie et humiliée, je voudrais pouvoir la remettre à la place glorieuse qu'elle a longtemps occupée, à la tête des nations chrétiennes. Je vois ces nations chrétiennes humiliées suivant la proportion de la France, et je voudrais pouvoir les remettre dans l'état de grandeur où on les voyait, alors qu'elles ne s'obstinaient pas à détourner les yeux du flambeau de la foi.

Je suis loin d'avoir la présomption de parvenir à un but si élevé, mais je crois pouvoir me permettre l'ambition de l'indiquer et de proposer quelques uns des moyens propres à le faire obtenir. Mais ce qui me soutient et m'encourage dans la voie difficile où je me suis engagé, c'est la persuasion que ce but sera atteint, que l'on verra ces nations se relever de l'abîme où les retient la puissance révolutionnaire et que cette œuvre sublime s'opèrera par le moyen de la France régénérée.

Il me reste à déclarer que si, un jour, l'on peut m'accuser de m'être laissé égarer par des illusions, je saurai me rendre à l'évidence des faits ; mais ces illusions auront été trop douces et trop respectables, pour que leur évanouissement puisse jamais me porter à les regretter.

LA QUESTION DU JOUR

1

Il est un principe que l'on doit regarder comme
le point de départ de la vraie philosophie de l'histoire : c'est celui de l'existence d'un Dieu, créateur,
conservateur et maître absolu de toutes choses, et
de l'ingérence souveraine de ce Dieu dans les
affaires de l'humanité. Il est évident, en effet, que
Dieu, s'il a créé l'homme et le monde, ne doit pas
être indifférent pour son œuvre ; que son œil infin₁
doit être continuellement fixé sur les évolutions de
ses créatures, et que, rien ne pouvant lui être
étranger, rien nécessairement ne doit arriver sans
l'ordre ou la permission de sa toute-puissance.

« Nous sommes tous attachés au trône de l'Etre
suprême par une chaîne souple qui nous retient
sans nous asservir.

» Ce qu'il y a de plus admirable dans l'ordre

1.

universel des choses, c'est l'action des êtres libres
sous la main divine. Librement esclaves, ils opèrent
tout à la fois volontairement et nécessairement ; ils
font réellement ce qu'ils veulent, mais sans pouvoir
déranger les plans généraux. Chacun de ces êtres
occupe le centre d'une sphère d'activité, dont le
diamètre varie au gré de *l'éternel géomètre*, qui
sait étendre, restreindre, arrêter ou diriger la
volonté, sans altérer sa nature (1). »

Cette admirable définition du *libre - arbitre*
donnée par de Maistre, peut s'appliquer tout aussi
bien à un peuple qu'à un simple individu. Les
peuples ont tous leur individualité, et c'est dans
leur application à cette individualité que j'étudie les
lois fondamentales de l'humanité. Le libre-arbitre,
faculté concédée à l'homme par l'infinie bonté de
Dieu, dessine nettement leur situation respective
et résume admirablement les rapports qui doivent
exister entre eux.

Que doivent donc faire les peuples, libres posses-
seurs de la terre, et soumis cependant à la juridic-
tion divine? Ils doivent mener une existence propre,
et, dans le cours de cette existence, s'acquitter
d'une mission spéciale imposée par Dieu.

Ils doivent mener une existence propre, c'est-à-
dire passer par les diverses péripéties qui composent
la vie de tout individu. Ils doivent naître, c'est-à-

(1) De Maistre, *Considérations sur la France.*

dire avoir un commencement, puis recevoir tous les développements dont ils sont susceptibles, enfin décliner et mourir, c'est-à-dire avoir une fin.

« Sans doute, a dit un éminent homme d'Etat dans un discours célèbre, quand on regarde l'Europe, on y voit des Etats jeunes et ambitieux qui se forment et aspirent à s'agrandir, des Etats arrivés à leur maturité et stationnaires, des Etats qui déclinent. Mais naître, se développer, arriver à l'apogée de la force et de la grandeur, puis décliner et mourir, c'est la loi des êtres les plus petits, destinés à ne vivre qu'un jour, comme de ceux dont l'existence dans l'espace se compte par des milliers de siècles. C'est la loi commune, à laquelle les empires n'échappent pas plus que les individus (1). »

C'est un fait d'expérience, relaté par l'histoire dans chacune de ses pages ; il y a toujours eu des peuples doués d'une force plus ou moins grande, d'une gloire plus ou moins éclatante ; il y en a même qui, dans l'enivrement de l'orgueil, se sont promis l'éternité : nul n'a pu se soustraire à la loi inexorable qui, semblable à un courant, entraîne toutes les générations du berceau à la tombe. Tous ont dû traverser les phases communes de toute existence. Leur enfantement a toujours été plus ou

____

(1) Corps législatif, séance du 14 mars 1867. — Discours de M. Thiers.

moins laborieux, leur maturité plus ou moins puissante ; leur vieillesse est toujours une décadence et leur mort une disparition complète ou une transformation.

Mais ces diverses phases, plus ou moins longues et plus ou moins variées de la vie des peuples, tiennent à certaines causes, telles que la position topographique, la complexion, le tempérament, le caractère, l'âme même, tous ces éléments, en un mot, qui concourent à former leur manière d'être particulière, leur *constitution*. C'est même là ce qu détermine l'importance de la mission que j'ai dit avoir été imposée par Dieu à tous les peuples comme à tous les individus.

Dieu, pour me servir de l'expression de de Maistre, peut être considéré comme un *éternel géomètre*, qui a tracé un plan général et qui a confié la réalisation de ce plan, en parties inégales et proportionnées à leur aptitude, à tous les peuples comme à tous les individus. L'on peut aussi comparer le monde à un vaste théâtre, où tous s'acquittent d'un rôle plus ou moins important, sous la direction souveraine de l'Etre suprême. Les peuples sont donc investis d'une mission spéciale que, par suite de leur libre-arbitre, ils doivent librement mais nécessairement remplir.

Mais du moment que Dieu, en livrant le monde aux évolutions des hommes, s'est proposé une fin à laquelle tous les peuples doivent concourir, il est

évident qu'il doit leur donner les moyens propres à
obtenir cette fin, et que par conséquent la tâche de
chacun de ces peuples sera en raison directe de ses
forces. Or, comme il y a des peuples doués d'une
plus vigoureuse constitution les uns que les autres,
l'importance de leur mission doit dépendre de l'importance de leur constitution. Les peuples les mieux
constitués seront donc appelés à remplir la mission
la plus importante, à jouer le rôle le plus brillant
du grand drame de l'humanité, à réaliser la partie
la plus étendue du plan divin.

D'un autre côté, du moment que Dieu, créateur
et maître absolu de tout ce qui existe, doit intervenir et intervient même constamment dans les
affaires humaines, quelquefois ouvertement par le
moyen des miracles, d'autres fois par son influence
secrète mais infaillible; du moment que la Religion,
selon l'étymologie de ce mot, est le lien qui relie
la créature au Créateur, et peut être regardée
comme une expansion de la divinité dans le monde
et le mode normal de son intervention, il devrait
s'ensuivre que le peuple investi de la mission la
plus importante est celui qui a les rapports les
plus intimes avec la divinité et dont les destinées
sont le plus intimement liées aux destinées de la
Religion. Mais ce peuple sera précisément le peuple doué de la meilleure constitution, ou du moins
le peuple dont la constitution naturelle sera amé-
liorée et proportionnée à sa mission, par l'effet de
l'intervention divine.

Le peuple juif , par exemple , malgré les défauts de sa constitution , malgré les fautes multipliées qui devaient en résulter , fut chargé de la plus grande mission des temps anciens : la préparation de la venue du Messie. Son histoire n'est qu'une suite ininterrompue de faits miraculeux , destinés à le soutenir dans ses défaillances, à le relever dans ses chutes , à l'encourager , en un mot , dans son avancement vers sa sublime fin. Voyez aussi le peuple romain , le plus grand des peuples païens. Il semble bien évident que la puissance de sa constitution avait une connexion directe avec les intérêts de la vraie Religion. En préparant l'unité du monde, en effet , il préparait l'unité de la foi. L'unité de territoire, l'unité de langage, l'unité même de caractère, facilitèrent singulièrement la propagation de l'Evangile. Cette unité fut consommée , comme à point nommé , sous le règne d'Auguste , à l'avénement de Jésus-Christ. Les généraux de l'Empire avaient été les précurseurs et les auxiliaires inconscients des apôtres : les uns avaient préparé le terrain , les autres jetèrent la semence ; tous ont réalisé , dans les limites de leur mandat, leur partie du plan divin.

Il est à remarquer que si la mission d'un peuple est proportionnée à la puissance de sa constitution, elle est aussi déterminée par cette constitution. Ce peuple poursuit nécessairement et sans contrainte l'exécution de l'œuvre qui lui a été confiée , tant qu'il reste fidèle aux principes qui le constituent. Sa prospérité est attachée à cette condition , et il ne peut la perdre sans retour avant d'avoir mis la dernière main à l'ouvrage qu'il avait mission de terminer. Ce n'est pas à dire qu'un peuple, fidèle à sa mission, puisse rester à l'abri des misères qui forment le triste apanage de l'humanité ; mais peut-être devrait-on attribuer ses défaillances à un certain oubli de ses devoirs et à une certaine infidélité à sa mission, causés par son libre-arbitre. Toujours est-il qu'il se relève vigoureusement, en s'attachant aux principes constitutifs de sa force et de sa vitalité , et ce n'est qu'au moment où il les renie qu'il décline et tombe en dissolution. C'est qu'alors il a accompli sa tâche , et que , de même que rien n'avait pu l'empêcher de parvenir à ce but et d'atteindre l'apogée de sa force et de sa grandeur , de même rien ne peut l'empêcher de s'en écarter et d'atteindre les limites de sa décadence et de sa dissolution.

Voyez , par exemple, les peuples les plus importants de l'antiquité. Tous ont eu des commencements précaires, tous ont étonné le monde du spectacle de leur puissance et de leur grandeur , tous ont fini par succomber misérablement. Les Grecs n'ont été primitivement qu'une colonie égyptienne; le peuple romain est sorti de l'antre d'une louve, s'il faut en croire la tradition païenne, et , quoi qu'il en soit, du berceau d'un enfant. Mais considérez , sous le voile de cette apparente faiblesse , quelle est la vigueur de leur constitution et quelle est la grandeur de leur rôle, et vous ne serez pas étonnés que les Grecs aient défait les hordes innombrables des rois de Perse ; que les Romains aient triomphé de la puissance de Carthage et du génie d'Annibal, et qu'ils aient fini par absorber le monde. Voyez-les, cependant, parvenus au plus haut degré de la puissance et de la grandeur, sous Alexandre et sous Auguste: que faut-il pour les renverser dans l'abîme le plus profond ? Un rien, puisqu'ils s'y précipitent eux-mêmes , puisqu'ils s'affaissent sous le poids de leur propre puissance , puisque le terme de leur grandeur appelle le terme de leur décadence. Rien n'a pu leur résister au moment de leur plus grande faiblesse , ils ne peuvent résister à rien au moment de leur plus grande force. Les barbares de la Germanie avaient toujours été refoulés dans leurs forêts, lorsque l'Empire était encore restreint dans certaines limites ; mais lorsque les extrémités du colosse romain purent toucher aux extrémités du monde, l'heure des Barbares sonna. Ils sortirent de leurs forêts , pénétrèrent jusqu'au cœur de l'Empire ; mais lorsqu'ils voulurent se partager le colosse , ils ne purent se partager qu'un cadavre.

En résumé , naître , se développer et mourir ; jouir d'une constitution propre et plus ou moins vigoureuse ; passer par chacune des phases de l'existence avec plus ou moins de rapidité et d'éclat ,

suivant le plus ou moins de vigueur de cette constitution ; remplir , dans l'intervalle qui sépare le
berceau de la tombe , une mission plus ou moins
importante , et toujours proportionnée à cette
constitution ; par le moyen du libre-arbitre, exercer
fidèlement cette mission, et par conséquent pros-
pérer, ou bien la négliger , et par conséquent décliner : telle est la condition nécessaire de tout
peuple comme de tout individu en face de Dieu ;
telle est la loi générale dont les exigences pèsent sur
toutes les générations de l'humanité.

II

Les peuples chrétiens ne devaient pas faire exception à cette loi.

De l'Asie, berceau du genre humain, et principal
théâtre de ses évolutions, le centre de la civilisation
et le siége du gouvernement du monde tendaient à
se rapprocher de l'Europe. Les Grecs , et surtout
les Romains, l'y fixèrent définitivement. L'Europe
devait donc être désormais la tête du monde.

Le monde ancien tomba avec le monde romain.
Un monde nouveau vint s'installer sur ses débris.
Ce monde naquit du conflit qui s'éleva entre l'Empire déclinent et les peuplades barbares qui com-
mençaient à se trouver à l'étroit dans les forêts du

Nord. C'est ici qu'il faut admirer et bénir la sagesse de la Providence, qui fit de deux éléments contraires et tendant à la dissolution du monde, l'un par excès de civilisation, l'autre par excès de barbarie, la préparation et le fondement d'un brillant avenir. L'Eglise, qui se trouva providentiellement constituée au moment de la crise suprême, s'empara de ces éléments disparates, le fondit ensemble d'une main souveraine, corrigea ce que l'un avait de stérile vétusté par ce que l'autre avait de juvénilité exubérante, et, de ce sublime alliage, forma les peuples nouveaux, les peuples chrétiens.

L'histoire nous fait assister à toutes les péripéties qui résultent pour eux de l'application de la loi générale. Elle nous fait assister à leur formation lente et laborieuse, dans laquelle l'Eglise fait pénétrer l'idée divine comme élement dominant. Elle nous fait assister à leurs développements successifs et à leurs tendances continuelles vers l'accomplissement de leur mission.

Mais, parmi les peuples modernes, il en est un qui offre les signes les plus incontestables d'une mission providentielle, et qui, en exécutant cette mission, s'est toujours maintenu au premier rang. Ce peuple, je le dis avec un orgueil bien légitime et avec un soulagement bien profond, c'est celui dont l'histoire a pu s'intituler : *Gesta Dei per Francos*. Oui, la France a été investie d'une grande mission, et c'est pourquoi elle a exercé sur les

autres nations une véritable magistrature, qu'elle
ne devait jamais abdiquer et qu'elle devait conserver jusque dans ses écarts les plus regrettables.
Oui, ce qui fait de la France une nation privilégiée,
une nation à part parmi les autres nations, c'est la
Religion, qu'elle a été providentiellement chargée
de défendre et de propager, et qu'elle n'a pu
délaisser quelquefois sans voir sa félonie frappée de
châtiments inouis.

Cette mission de la France paraît à de Maistre
aussi claire que le soleil. « Il y a, dit-il, dans le
gouvernement naturel et dans les idées nationales
du peuple français, je ne sais quel élément théo-
cratique et religieux qui se retrouve toujours. Le
Français a besoin de la religion plus que tout autre
homme; s'il en manque, il n'est pas seulement
affaibli, il est mutilé (1). »

Cela tient à une loi qui établit une connexion intime entre la mission d'un peuple et sa constitution, et qui revêt d'une importance exceptionnelle
la mission du peuple dont la constitution est émi-
nemment empreinte du principe religieux. Cette
loi trouve une justification éclatante dans la desti-
née de la France. La France, en effet, naît et se
forme dans le christianisme; elle se développe par
le christianisme, et se maintient sans cesse glorieuse et florissante avec le christianisme. Il sem-

(1) *Du Pape.*

ble que le christianisme est la condition indispensable de sa force et de sa grandeur. Il semble qu'il lui est si naturel qu'elle n'a qu'à obéir à son instinct pour servir les intérêts de la religion chrétienne.

La France naît dans le christianisme. Même dès les temps apostoliques, l'arbre de la foi projette dans son sein de profondes racines.

Les prédicateurs de l'Evangile semblent avoir concentré tout leur zèle dans ce pays, et bientôt, attirés par la bonne odeur de leurs vertus, subjugués par l'éclat de leurs miracles, de nombreux disciples se pressent autour d'eux, pour recueillir la manne de la bonne nouvelle qui sort de leur bouche inspirée. Pour faire produire des fruits plus abondants et plus savoureux à l'arbre qu'ils ont planté et fécondé de leurs sueurs, les généreux ouvriers du Christ n'hésitent pas à l'arroser de leur sang. Dieu seul sait quelle est la fécondité du sang des martyrs, et que de merveilles il fait germer sur le sol même le plus ingrat. Que ne devait-il donc pas produire dans un terrain si bien préparé que celui de la France ! Nul pays n'a été arrosé avec plus d'abondance ; à nul pays l'on ne peut appliquer avec plus de vérité le mot de Tertullien : *Sanguis martyrum, semen christianorum.*

Aussi voyez avec quelle rapidité la France se développe et se place à la tête des nations chrétiennes ! Le mouvement religieux ne se ralentit pas, lorsque la Gaule fut devenue la France et que les ouvriers évangéliques n'eurent plus besoin d'être martyrs. « Les évêques, a dit Gibbon, ont fait la France, comme les abeilles font une ruche. » On ne saurait mieux dire. Ministres et conseillers les plus éclairés et les plus assidus des rois, cherchant constamment, dans les conciles nationaux, à imprégner les institutions politiques du suc fécond du christianisme ; les évêques, par leur talent et par leur zèle, devaient couronner dignement l'édifice fondé sur les ossements des martyrs et cimenté de leur sang.

Après ce pénible enfantement et ces laborieux développements, la France devait se maintenir grande et forte avec le christianisme. Elle a toujours été mêlée aux mouvements religieux qui se sont produits dans toute l'étendue de la chrétienté ; elle en a même généralement pris l'initiative. Dès les premiers jours de sa conversion, Clovis, entendant raconter la passion de Jésus-Christ, s'écria, en brandissant sa framée : « Que n'étais-je là avec mes Francs ? » Ce cri spontané du Sicambre converti a toujours été celui de la France, toutes les fois que la Religion ou les peuples chrétiens ont eu à souffrir quelque injustice, ont eu besoin de quelque secours.

C'est la France qui est chargée de mettre un terme, par le bras de Charles-Martel, aux invasions dévastatrices des musulmans en Europe. C'est elle qui, dans la suite, envoie ses capitaines et ses rois

porter un coup mortel à la puissance du Prophète,
en relevant la croix, trop longtemps humiliée, sur
les débris du symbole de l'infidélité. Un simple
ermite, Pierre, et un simple religieux, saint Ber-
nard, sont capables de donner l'impulsion aux croisades, et de précipiter l'Occident chrétien sur
l'Orient infidèle. Et, depuis, le nom des Francs est
resté dans ce pays comme la dénomination géné-
rique des peuples chrétiens, et comme le synonyme
de la foi et de la valeur.

La France devait prendre l'initiative d'un autre
événement destiné à avoir de grandes conséquences dans les affaires de l'Europe : je veux parler de
l'établissement du pouvoir temporel de la Papauté.

« Les Français, dit de Maistre, eurent l'honneur
unique, et dont ils n'ont pas été à beaucoup près
assez orgueilleux, celui d'avoir constitué (humai-
nement) l'Eglise catholique dans le monde, en
élevant son auguste chef au rang indispensable-
ment dû à ses fonctions divines, et sans lequel il
n'eût été qu'un patriarche de Constantinople, déplorable jouet des sultans chrétiens et des autocrates
musulmans (1). »

(1) *Du Pape.* De Maistre, que je me plais à citer,
poursuit un peu plus loin : « Charlemagne, dans son
testament, légua à ses fils la tutelle de l'Eglise romaine.
Ce legs, répudié par les empereurs allemands, passa
comme une espèce de fidéi-commis à la couronne de
France. L'Eglise catholique pouvait être représentée

Les Français constituent le pouvoir temporel des Papes ; ils font plus, ils sont toujours prêts à le défendre , et c'est vers eux que crient les Pontifes, lorsque leur trône est menacé. Il en a toujours été ainsi , depuis Charles-Martel et Pépin le Bref, qui allèrent délivrer le Saint-Siége des persécutions des Lombards, jusqu'aux intrépides soldats que nous avons vu débarquer en Italie , en 1849 et en 1867, appelés par la voix de l'immmortel Pie IX.

Plus tard , la France organisera des croisades contre les hérétiques , comme elle en avait organisé contre les infidèles. Elle mettra un terme à l'hérésie des Albigeois , par le bras de Simon de Montfort, comme dans la suite un roi décrié la préservera de la domination protestante.

Enfin la France ne se contentera pas de mettre son bras à la défense des intérêts chrétiens ; obéissant à son généreux prosélytisme , elle enverra des ouvriers nombreux défricher les portions les plus éloignées et les plus ingrates de la vigne du Seigneur. Chaque jour, de nombreux missionnaires quittent leur patrie , vont chercher le martyre dans les régions les plus sauvages , et étendent sur toute

par une ellipse. Dans l'un des foyers, on voyait saint Pierre, et dans l'autre Charlemagne ; l'Eglise gallicane avec sa puissance, sa doctrine, sa dignité, sa langue, son prosélytisne, semblait quelquefois rapprocher les deux centres et les confondre dans la plus magnifique unité. »

la terre la sainteté de la religion et la gloire de la France.

Oui, la France a été forte, elle a été grande, elle a été glorieuse, toutes les fois qu'elle a obéi à sa noble mission, qu'elle s'est présentée à la terre comme la *Fille aînée de l'Eglise*, comme le champion de Dieu. Oui, en mettant son épée au service de la Religion, elle a reçu en récompense la protection de Dieu, et cette protection a rendu sa puissance invincible, sa grandeur sans pareille, sa gloire impérissable.

Je le sais, cependant, des jours sombres se sont levés sur elle ; des ennemis victorieux l'ont foulée aux pieds ; ses destinées ont presque un moment dépendu du caprice d'un monarque étranger ; elle a été vaincue, humiliée, délabrée, et un de ses rois a été appelé le *Roi de Bourges*. Oui, elle a ressenti quelques unes des misères inhérentes à l'humanité ; mais elle est toujours sortie plus victorieuse de ses défaites, plus glorieuse de ses humiliations, plus grande de ses revers. Et si quelquefois sa prospérité a paru sombrer sous les flots de l'infortune, Dieu lui-même a daigné intervenir au milieu de ses épreuves, comme il se rendit à l'appel de Clovis, encore idolâtre, sur le champ de bataille de Tolbiac ; comme, plus tard, pour mettre fin à une invasion séculaire, il suscita une simple bergère, Jeanne d'Arc.

Je le sais encore, la France a quelquefois oublié

sa divine mission ; elle a oublié son titre de *Fille aînée de l'Eglise*, ses rois ont oublié leur titre de *Rois très chrétiens*. Mais s'il est vrai de dire que la tradition chrétienne a été interrompue ; que le protecteur soumis a pu se changer en oppresseur ; que, par exemple, l'indigne conduite d'un Guillaume de Nogaret a pu faire sortir de la lyre d'un Gibelin un éloquent anathème contre la fleur de lys, il est aussi vrai de dire que la vitalité d'un arbre n'est pas compromise par le dessèchement d'une branche, que la famille n'est pas responsable de l'égarement d'un de ses membres, et qu'après tout ce ne sont là que des exceptions, et que les exceptions confirment la règle.

Il est à remarquer que les revers de la France ont toujours concordé avec l'oubli de sa vocation, et que les époques de sa plus grande gloire ont toujours été celles où son attachement à l'Eglise a été le plus ferme, comme aussi les époques de ses plus grandes humiliations ont été celles où son éloignement de l'Eglise a été le plus obstiné.

La veille même du baptème de Clovis, saint Remy donnait à ce prince l'explication de ces diverses viscissitudes qui devaient, dans la suite, agiter son royaume :

« Apprenez, mon fils, lui disait-il, que le royaume de France est prédestiné par Dieu à la défense de l'Eglise romaine, qui est la seule véritable Eglise du Christ. Ce royaume sera un jour grand entre tous les royaumes de la terre ; il embrassera toutes les limites de l'empire romain , et soumettra tous les autres royaumes à son sceptre ; il durera jusqu'à la fin des temps ; il sera victorieux et prospère tant qu'il restera fidèle à la foi romaine et ne commettra pas un de ces crimes qui ruinent les nations; mais il sera rudement châtié toutes les fois qu'il sera infidèle à sa vocation. »

Ces paroles du saint archevêque de Reims n'ont pas reçu le moindre démenti dans toute la suite de l'histoire de la France , et elles peuvent être regardées comme la clé qui fait pénétrer dans les secrets de ses gloires et de ses revers. Mais je me hâte d'ajouter que les époques de sa gloire ont été les plus longues et les plus nombreuses , et que si la France a pu oublier quelquefois les titres de sa grandeur, c'est qu'elle s'est laissé séduire par des meneurs ambitieux, ou plutôt c'est que la France s'est toujours montrée digne d'elle , et que des Français égarés ont mis son nom en avant pour atténuer leurs fautes et pallier leur déshonneur. La France s'est toujours montrée la *Fille aînée de l'Eglise ;* les chefs de l'Eglise se sont toujours plu à lui donner ce doux nom , et à lui témoigner une affection toute paternelle.

Les témoignages des sentiments manifestés par l'Eglise envers la France, ainsi que les titres de la France qui les motivent , se résument dans cette admirable lettre de Grégoire IX à saint Louis :

« Le Fils de Dieu , dont le monde entier exécute les lois et aux désirs duquel les armées célestes s'empressent d'obéir , a établi sur la terre divers royaumes et divers gouvernements pour l'accomplissement des célestes conseils. Mais comme autrefois, entre les tribus d'Israël, la tribu de Juda reçut des priviléges particuliers, ainsi le royaume de France a été distingué entre tous les peuples de la terre par une prérogative d'honneur et de grâce.

» De même que cette tribu n'imita jamais les autres dans leur apostasie, mais vainquit, au contraire , en maints combats, les infidèles; ainsi le royaume de France ne put jamais être ébranlé dans son dévouement à Dieu et à l'Eglise ; jamais il n'a laissé périr dans son sein la liberté ecclésiastique ; jamais il n'a souffert que la foi chrétienne perdît son énergie propre. Bien plus, pour la conservation de ces biens , rois et peuple n'ont pas hésité à s'exposer à toutes sortes de dangers et à verser leur sang.

» Il est donc manifeste que ce royaume béni de Dieu a été choisi par notre Rédempteur pour être l'exécuteur spécial de ses divines volontés. Jésus-Christ l'a pris en possession comme un carquois d'où il tire fréquemment des flêches choisies , qu'il lance avec la force irrésistible de son bras , pour la protection de la liberté et de la foi de l'Eglise , le châtiment des impies et la défense de la justice (1). »

Les sentiments de bienveillance et d'amour témoignés par l'Eglise à la France ont été réciproques, et les témoignages de ces sentiments de la part de la France se résument dans la lettre suivante qu'Antoine Duprat, chancelier de France, adressait à Léon X, de la part de François Ier :

« Bienheureux père, le roi très chrétien vous reconnaît pour le très saint vicaire de Jésus-Christ sur la terre ; il voit en vous le chef invincible du peuple chrétien ; il vous révère comme le père souverainement indulgent de toute la chrétienté ; les mains tendues, les bras ouverts, il vénère en vous, avec le plus profond respect, un homme divin. Il vous dévoue et offre à vous et au siége apostolique toute sa puissance, ses flottes, ses armées, ses duchés, son royaume. Il s'offre luimême avec empressement. Servez-vous donc de

____

(1) Aux jours même les plus douloureux de notre histoire, le lendemain de l'assassinat de Louis XVI, Pie VI s'écriait en plein consistoire : « O France, appelée par nos prédécesseurs le *miroir de la chrétienté*, *l'appui immobile de la foi*, toi dont la ferveur chrétienne et la dévotion au siége apostolique n'avaient pas d'égales parmi les autres nations, comment es-tu tombée dans cet excès de désordre, de licence et d'impiété ? Tu n'as recueilli que le déshonneur, l'infamie, l'indignation des peuples et des rois, des petits et des grands, du présent et de l'avenir. »

lui et de tout ce qui lui appartient ; c'est votre droit, disposez-en à votre plaisir. Faites servir à quelque entreprise catholique les armes victorieuses de la France. Faites flotter les drapeaux français ; prenez avec vous, invincible Léon , l'invincible François ; il est à vous par la religion , par le droit, par le souvenir de ses ancêtres, par la foi , par la volonté, et vous le trouverez toujours aussi prompt à l'œuvre qu'à la parole. »

Tels ont été les sentiments de la France envers l'Eglise et les Chefs de l'Eglise , depuis Clovis jusqu'à Louis XIII consacrant , par un vœu solennel , son royaume à Marie , et justifiant cette magnifique dénomination de la France : *Regnum Galliæ* , *regnum Mariæ* , et jusqu'à Louis XIV recommandant à son fils « d'armer tous ses sujets pour la défense de la gloire de Dieu (1). » L'on retrouve la même inspiration jusque dans le testament sublime du roi-martyr Louis XVI, et jusque dans les nombreux témoignages exprimés par l'héritier de toutes les vertus de ses ancêtres , sinon de leur trône.

Ainsi , de l'étude attentive de l'histoire de France et du témoignage réciproque des représentants des deux puissances , la puissance spirituelle et la puissance temporelle , il ressort clairement que cette nation a été prédestinée de Dieu au soutien de l'idée chrétienne ; qu'elle a toujours été, en quel-

---

(1) *Mémoires de Louis XIV.*

que sorte , la nation-lige et ses rois les défenseurs-
nés de l'Eglise , et qu'elle et ses rois n'ont jamais
pu renier cette tradition, sans renier en même
temps le gage de leur grandeur , et sans abandonner l'exercice de leur mission.

Pourquoi faut-il ajouter qu'il vint une époque
qui fit subir une si grande dérogation à cette tradition , et qui apporta un changement si radical
dans la constitution de la nation française ? C'est
que la France avait vieilli , et que le phénomène
qu'on appelle la *Révolution* , éclata pour signaler
cette vieillesse. J'ajoute que ce phénomène constitue le caractère principal de la vieillesse , et par
conséquent de la décadence des nations chrétiennes.

III

Il faut distinguer soigneusement la *Révolution* des
révolutions. On entend généralement par *révolution* un changement ou bouleversement quelconque, produit par un événement fortuit, par
une cause juste ou par un mécontentement populaire. Parmi ces événements ou ces catastrophes
passagers , que l'on rencontre fréquemment dans
le cours de la vie des peuples, il en est de bons et
de nécessaires. Ce n'est point là la *Révolution*. Je
n'entends même pas par ce mot le phénomène qui

s'appela la *Révolution française*, et dont certains
Etats nous ont donné depuis de pâles contrefaçons.
Non, ces sortes de phénomènes ne sont que des
formes de cette puissance, des manifestations de
cet esprit, qui, sans pouvoir réaliser l'idée complète de la *Révolution*, ne laissent pas que de découvrir sa nature, ses tendances et ses moyens d'action les plus formidables. Un féroce révolutionnaire
l'a dit : « La Révolution française n'est que l'avant-
courrière d'une autre révolution bien plus grande,
bien plus solennelle et qui sera la dernière (1). »
Cette révolution, dont parle Babœuf, c'est la *Révolution*.

Elle sera la dernière, en ce sens qu'elle sera permanente, et que, pour souffrir quelque intermit-
tence dans ses manifestations, elle n'en subsistera
pas moins, et qu'elle sortira terrible et menaçante
de toutes ses défaites, jusqu'à ce que ses adversaires soient assurés de sa complète extinction. C'est
une espèce d'abstraction dans sa généralité, mais
qui devient une affreuse réalité dans ses résultats.
De là vient que, tandis que l'on croit la frapper au
cœur, l'on ne frappe en réalité qu'un de ses membres, un de ses agents, et qu'on ne pourra lui porter un coup décisif qu'en la privant d'aliments et
qu'en rompant radicalement avec les principes qui
la constituent.

(1) Extraits des pièces trouvées chez Babœuf, impri-
mées par ordre du Directoire.

La *Révolution*, c'est la réalisation, dans l'ordre social, de cette hydre fabuleuse, dont les têtes, sans cesse tournées vers quelque chose de bien, renaissent de plus en plus orgueilleuses et envenimées à mesure qu'on les abat. C'est encore, si l'on veut, cette Chimère, dont la triple gueule vomit des flammes continuelles contre ses trois ennemis : l'autel, le trône et la société. C'est enfin ce Protée, qui sait revêtir toutes les formes pour exercer ses attentats et déjouer les attaques, monstre qui paraît tantôt à découvert, et alors il s'appelle l'*Internationale ;* tantôt n'agit qu'entouré de mystère, et alors il s'appelle la *franc-maçonnerie.*

La *Révolution,* c'est l'insubordination contre toute autorité, le dégoût de toute loi comme de tout frein, l'abolition de tout ce qui contrarie des volontés égarées, la haine calculée de toute tradition respectable et le désir immodéré de toute nouveauté illégitime. C'est le droit sacrifié à l'arbitraire, la liberté sacrifiée à la licence ; c'est le caprice substitué au devoir, c'est la folie substituée à la raison. C'est la révolte acharnée de l'homme contre l'homme, comme c'est la révolte de l'homme contre Dieu ; c'est la révolte du mal relevant la tête contre le bien qui doit le dominer ; c'est, en un mot, la mise à exécution du principe infernal : *Non serviam.*

Ainsi, tout ce qui émane du principe divin est proscrit par la Révolution, tandis que tout ce qui émane du principe infernal est préconisé. Quels

sont donc les ennemis de la Révolution ? Les trônes, car la puissance séculière, légitimement constituée, est la force matérielle qui s'oppose à l'explosion des passions ; les autels, car, la puissance
spirituelle est la force morale dans laquelle l'ordre
trouve sa plus solide garantie ; la société enfin tout
entière, car la religion et le pouvoir peuvent être
considérés comme la tête de la société, et la révolution sait bien que le corps sera une proie facile,
quand elle l'aura débarassé de sa tête.

Tel est le plan que poursuit avec acharnement
cette infernale puissante, et si jamais elle ne
peut l'accomplir dans toute sa plénitude, c'est
que l'ordre est incompatible avec le désordre,
élément essentiel de sa constitution ; c'est aussi
que la puissance qu'elle combat, la société,
malgré les secours qu'elle lui donne, possède
de nombreux éléments de résistance, à la conservation desquels se rattachent ses plus grands
intérêts : c'est enfin que Dieu, malgré les crimes
des hommes, ne veut pas permettre la destruction
complète de l'humanité, ni le triomphe décisif de
Satan, qui serait l'effet du triomphe de la Révolution. Mais la lutte est sans cesse engagée ; il en
est résulté d'effrayantes catastrophes, et plaise à
Dieu qu'il ne nous soit pas réservé d'en voir éclater
de plus terribles encore !

Qu'on ne croie pas que ce soit là une exagération.
Les plans de la grande conjuration sont tous tracés,

les moyens de les réaliser indiqués, et les efforts
sans cesse dirigés vers le but. Proudhon n'a pas
craint d'affirmer la pensée intime de la Révolution : « Notre principe à nous, à-t-il dit, c'est la
négation de tout dogme ; notre donnée, le néant
Elle nous a conduits à poser comme principes :
en religion, l'athéisme ; en politique, l'anarchie ;
en économie politique, la non propriété. » Ainsi
la doctrine révolutionnaire se résume dans la triple
négation de Dieu, du pouvoir, de la propriété. Elle
part de l'athéisme, passe par l'anarchie, pour
aboutir au socialisme.

Si nous écoutions le langage qui retentit dans
les Loges et Ventes, laboratoires les mieux organi-
sés de l'œuvre révolutionnaire, nous pourrions recueillir une infinité de témoignages irrécusables du
but à atteindre et des moyens à employer. Nous en-
tendrions un correspondant de Londres affirmer
que les *frères* tendent tous à *l'affranchissement de
l'humanité,* et veulent *briser tout espèce de joug.*
Un document occulte, émané d'une Loge de *carbonari,* se chargerait de nous apprendre que, pour
briser tout espèce de joug, il est nécessaire d'opérer préalablement le renversement de la Papauté,
parce que, dit ce document, *une fois le Pape
renversé, tous les trônes tomberont naturellement.*
Nous pourrions y lire, enfin, l'instruction perma-
nante de la Vente suprême, qui dit, entre autres
choses : « Il est une pensée, qui a toujours préoc-

cupé profondément les hommes qui aspirent à la régénération universelle : c'est l'affranchissement de l'Italie, d'où doit sortir, à un jour déterminé, l'affranchissement du monde entier. Notre but final est celui de Voltaire et de la Révolution française : l'anéantissement à tout jamais du catholicisme et même de l'idée chrétienne, qui, restée debout sur les ruines de Rome, en serait la perpétuation plus tard. »

Ces associations, vouées à la destruction de l'humanité, ne déguisent pas leurs espérances et applaudissent par anticipation au succès de leurs efforts. « J'ai trouvé partout en Europe des esprits très enclins à l'exaltation, écrit un correspondant des sociétés secrètes ; tout le monde avoue que le vieux monde craque et que les rois ont fait leur temps. La moisson que j'ai recueillie a été abondante; la chute des trônes ne fait pas doute pour de moi, qui viens d'étudier en France, en Suisse, en Allemagne et jusqu'en Russie le travail de nos sociétés. L'assaut qui, d'ici a quelques années, sera livré aux princes de la terre, les ensevelira sous les débris de leurs armées impuissantes et de leurs monarchies caduques; mais cette victoire n'est pas celle qui a provoqué tous nos sacrifices. Ce que nous ambitionnons, ce n'est pas une révolution dans une contrée ou dans une autre : cela s'obtient toujours quand on le veut bien. Pour tuer sûrement le vieux monde, nous avons cru qu'il fallait étouffer le germe catholique et chrétien (1). »

Ces documents sont certes bien exempts d'obscurité, et témoignent abondamment du concours actif et incessant d'hommes incorporés dans une association révolutionnaire ayant pour but de renverser d'abord la puissance spirituelle des papes, ensuite la puissance temporelle des rois , pour parvenir à l'*affranchissement*, c'est-à-dire au renversement de la société tout entière. Nous avons vu , du reste , les tentatives de ces hommes , depuis l'avénement .de la première Révolution, à travers les révolutions qui ont à diverses reprises bouleversé la France et l'Italie , jusqu'à la Commune de Paris , où l'*Internationale* avait concentré ses forces, et où la *franc-maçonnerie* avait déployé ses bannières.

Mais toutes ces associations , quelque importants que soient et le nombre de leurs adeptes et l'habileté de leur organisation , n'aboutiraient qu'à des catastrophes sans importance , comme les conspirations diverses qui ont éclaté dans toutes les sociétés, si elles ne pouvaient compter sur un grand nombre de complices qui, d'une manière inconsciente ou involontaire, leur sont du plus puissant secours. Ces associations sont, pour ainsi dire, la partie

(1) Voir tous ces documents *in extenso* dans l'ouvrage de M. Crétineau-Joly : l'*Eglise romaine en face de la Révolution*. On sera pleinement édifié sur les faits et gestes des sociétés occultes de l'Italie.

militante des troupes de la Révolution. Pour que leurs coups soient efficaces, il faut qu'elles raccolent des combattants dans tous les rangs de la société. Il faut que la société elle-même pose des prémisses, dont elles se chargent de tirer les conclusions. Ces prémisses, la société française les avait posées en 1789, par la fausse interprétation des principes de *liberté* et de *souveraineté* populaire, dans lesquels elle ne voyait que la déclaration de ses droits, la déclaration des *droits de l'homme*. Les Constituants, les Conventionnels, les Septembriseurs surent en développer les conséquences avec une logique infernale. Cette même interprétation des mêmes prémisses aboutit toujours aux mêmes conséquences, aux mêmes conclusions.

Si la Révolution présente réellement les caractères que nous venons de lui reconnaître, on ne se hasarde pas en affirmant qu'elle est un signe incontestable de décadence, pour les nations qui en sont infectées. Et si ce signe de décadence concorde avec la vieillesse de ces nations, il ne doit pas être téméraire d'affirmer que ces deux choses ont entre elles une connenion directe et frappante. Je soutiens donc que la Révolution est le signe caractéristique de la vieillesse des nations modernes.

La Révolution, en effet, est un phénomène inouï dans l'histoire des peuples anciens, et qui ne se révèle qu'au moment où les peuples chrétiens, après s'être élevés progressivement au plus haut point de leur maturité, commencent, par une progression contraire, à décliner et à vieillir. Je constate un fait d'expérience. Les nations les plus anciennes de l'Europe sont en même temps les plus dominées par l'esprit révolutionnaire. Où sont, par exemple, la France de Louis XIV, l'Espagne de Charles-Quint, l'Italie de Léon X? Les nations de formation plus récente, telles que la Russie de Pierre le Grand et la Prusse de Frédéric le Grand, sont momentanément à l'abri du virus dissolvant de la Révolution. Mais elles portent en elles, elles couvent au sein de leur prospérité le germe qu'elles croient étouffer, et tout porte à croire que ce germe, après avoir acquis tous ses développements, les rabaissera, un jour, au niveau de toutes les victimes de la Révolution.

Mais dire que la Révolution forme le caractère général des nations qui vieillissent, est-ce prétendre que ces nations soient condamnées à une mort irrévocable, ou du moins à une incurable décadence? La déduction rigoureuse de la loi commune devrait amener cette conclusion. Si nulle nation de l'antiquité n'a pu prolonger son existence au delà de certaines limites, il semble naturel qu'il doit en être de même des nations modernes. J'examinerai plus tard s'il n'existe pas entre ces nations une différence essentielle, par suite de l'introduction du christianisme, et s'il n'en résulte pas de grandes espérances pour l'avenir. Pour le moment, je me borne à leur trouver ces traits de ressemblance jusqu'à l'extrême phase de leur existence, et je me sens forcé d'avouer que la vieillesse des nations chrétiennes doit inspirer plus de tristesse que la vieillesse des nations de l'antiquité. C'était bien une affreuse dégradation qui signalait la décadence des nations païennes; mais cette dégradation apparaît bien plus affreuse au sein des sociétés révolutionnaires, et il n'est malheureusement que trop vrai l'adage qui dit : *Corruptio optimi persima.* La corruption païenne découlait naturellement des institutions sociales de l'époque ; elle tendait à la dissolution, mais non au rénversement ; elle ne pouvait enfin faire disparaître l'idée de la Divinité. Eh bien ! la Révolution, pour faire revivre cette corruption, a dû faire violence à des institutions sociales profondément empreintes de l'idée chrétienne ; elle a porté la société chrétienne à des excès que la société païenne n'aurait pas eu la force de commettre ; elle a enfin prosterné cette société devant l'impudique image de la *Raison*, si même elle n'a considéré ce culte comme révolutionnaire. *Corruptio optimi persima* (1).

En considérant la Révolution comme signe dis-

______

(1) On sait que la Commune de 1871 a renchéri sur celle de 1793, et qu'elle a proscrit le culte de l'Etre suprême et de la déesse Raison comme réactionnaire (*sic*).

tinctif de la vieillesse des nations modernes, je n'ai parlé que des excès inhérents à sa nature et qui découlent de son essence. Ces excès cependant sont accidentels, et il est évident qu'une société, pour être en proie à la Révolution, ne peut pas en être continuellement affligée. Mais il est des principes et des conséquences qu'elle produit : ces principes sont radicalement opposés à la véritable constitution de cette société, et ces conséquences restent toujours posées comme des prémisses, d'où des agents audacieux peuvent, au premier moment, tirer de désolantes conclusions.

Par suite de l'idée révolutionnaire, le *monde politique a croulé* (1). Cette parole de de Maistre s'explique par le dérangement organique que cette idée à occasionné dans la constitution tout entière de la nation. Ce n'est pas dans le corps de quelques particuliers que s'infiltre le venin révolutionnaire, c'est l'âme de la nation qu'il atteint et qu'il s'acharne à corrompre. L'on se tromperait étrangement, si l'on se figurait que la Révolution produit de continuelles commotions, et qu'elle n'existe pas dans un peuple, par la raison que ce peuple est ou paraît calme. Non, le calme n'est pas antipathique au désordre, et quelquefois la contagion se

(1) De Maistre. *Essai sur le principe générateur des constitutions politiques et des autres institutions humaines.*

propage dans le repos avec une rapidité qui serait
modérée et peut-être arrêtée par des mouvements
trop impétueux. Il suffit qne l'âme d'une nation ait
été altérée ; il suffit que cette altération se re-
vèle, sinon par une agitation convulsive, du moins
par l'affaiblissement, l'atonie et le malaise ; il suffit,
en un mot, que cette nation soit entraînée hors de
sa voie naturelle et dirige sa conduite d'après des
principes faux, pour qu'elle soit victime de la Révolution, pour qu'elle puisse s'attendre à voir, à un
moment donné, une horrible tempête surgir sou-
dainement d'un calme apparent.

Les principes de la Révolution, je les ai déjà indiqués, consistent dans la fausse interprétation de la
liberté et de la *souveraineté populaire*. C'est de là
que découlent toutes les conséquences funestes
qui compromettent l'avenir des sociétés. Mais avant
d'entreprendre l'examen de ces conséquences, il
n'est pas hors de propos de rechercher si ces principes, avant d'être formulés et admis comme principes constitutifs des sociétés politiques, n'ont pas
une connexion intime et naturelle avec certains
autres principes, dont ils ne soient, pour ainsi dire,
que l'extension et le développement. En d'autres
termes, il s'agit de savoir si la Révolution, signe
distinctif de la vieillesse et de la décadence des
nations modernes, ne se découvre pas avec son
esprit et ses tendances, au moment où ces nations
commencent à décliner et à vieillir. Car, comme

tout ce qui a rapport aux choses humaines, cette puissance ne doit pas se manifester d'un seul coup; elle doit laisser transpirer des symptômes qui la décèlent, des causes qui la préparent, et ce n'est que de degrés en degrés qu'elle peut parvenir aux extrêmes limites de sa force et de son pouvoir.

C'est ce que l'on peut remarquer en présence de l'histoire des nations modernes.

IV

Le premier symptôme grave de la Révolution me paraît consister dans les circonstances qui produisirent le protestantisme.

Si, en effet, l'on considère attentivement le caractère de cette hérésie, on y trouvera des tendances tout à fait différentes de celles des hérésies précédentes, et plus en rapport avec les attaques dirigées par les diverses formes de l'impiété moderne contre l'œuvre divine de la Religion. L'insubordination contre la véritable Eglise et la tendance vers la scission formaient bien le caractère général des autres hérésies; mais elles n'allaient pas jusqu'au point où l'on a vu aller la Réforme, dont les erreurs théologiques, malgré leur perversité, n'étaient qu'un accessoire dans l'intention des novateurs, mais dont le but principal était la révolte systématique contre l'autorité de l'Eglise romaine, et la pratique de la liberté individuelle, prescrite par le principe du libre-examen. « Les évêques et les pasteurs, dit Luther, n'ont par dessus les autres chrétiens que le seul ministère qui leur a été commis *du consentement du peuple.* Qu'ils sachent donc qu'ils n'ont aucun droit de nous faire des commandements, *si ce n'est qu'autant que nous voulons y consentir de notre propre gré* (1). »

Et ailleurs il répète la même pensée en d'autres termes : « Les pasteurs tiennent cette autorité de ceux dont ils sont les ministres, c'est-à-dire *de la multitude qui les a choisis pour agir en son nom.* » « Je crois, dit à son tour Calvin par l'organe d'un de ses plus fervents disciples, Anne Dubourg, conseiller au Parlement de Paris, la puissance de lier et de délier, et excommunier et absoudre, être donnée de Dieu, non pas à un homme ou deux, mais à toute l'Eglise, c'est-à-dire *à tous les fidèles*

---

(1) *De Captivitate Babylonis.* Le courtisan des landgraves n'était guère économe envers les représentants de l'autorité séculière des aménités qu'il se plaisait à adresser aux représentants de l'autorité spirituelle. « Les princes, disait-il, sont communément les plus grands fous et les plus fieffés coquins de la terre : on n'en saurait attendre rien de bon ; ils ne sont en ce monde que les bourreaux de Dieu, dont il se sert pour nous châtier. » Et ailleurs : « *Principem esse et non esse latronem vix possibile est.* »

et croyants en Jésus-Christ. » Il faut même remarquer que l'application de ces principes est bien plus grave en matière ecclésiastique qu'en matière séculière. Ainsi, tandis que les autres hérésies s'écartaient rarement de leur objet propre, l'hérésie protestante, entre toutes les variations de son symbole et les ramifications de ses sectes, n'a conservé de lien commun que le principe du libre examen et la rébellion constante contre le chef légitime de l'Eglise.

Au XVIIe siècle, le ministre Jurieu se chargera d'appliquer les principes de Luther au pouvoir temporel, et d'établir une théorie à peu près conforme à celle qui, dans le siècle suivant, s'appellera le *Contrat social.* Bossuet résume ainsi la doctrine de ce ministre sur ce point : « Le peuple fait les souverains et leur donne la souveraineté ; donc, le peuple possède la souveraineté et la possède à un degré plus éminent. Car celui qui communique doit posséder ce qu'il communique d'une manière plus parfaite; et quoiqu'un peuple qui a fait un souverain, ne puisse plus exercer la souveraineté par lui-même, c'est pourtant la *souveraineté du peuple* qui est exercée par le souverain, et l'exercice de la souveraineté qui se fait par un seul n'empêche pas que la souveraineté ne soit dans le peuple *comme dans sa source,* et même comme dans son premier sujet. » Bossuet énumère ensuite les conséquences qui découlent de ce principe : « Voilà, ajoute le grand docteur, les principes qu'il pose dans sa XVIe lettre, et il en conclut, dans les deux suivantes, que le peuple peut exercer sa souveraineté en certains cas, même sur les souverains, *les juger, leur faire la guerre, les priver de leur couronne, changer l'ordre de succession, et même la forme du gouvernement* (1). »

Et ici, je ne considère que la théorie, tandis que je pourrais m'appuyer sur des faits, tels par exemple que les soulèvements des paysans d'Allemagne, qui prouveraient que la pratique est en harmonie parfaite avec la théorie. Mais il suffit de constater que le protestantisme est, par essence, une hérésie révolutionnaire. Les hérésiarques protestants s'inspirèrent de l'esprit des temps, qui commençait à se pénétrer de l'esprit de la Révolution, et ils ont été suivis dans cette voie par les fondateurs et les adeptes des erreurs subséquentes, telles que le Jansénisme et le Gallicanisme, sans oublier le Philosophisme, de la paternité duquel ils peuvent réclamer une large part.

Le Jansénisme, sous le rapport théologique, n'était autre chose qu'un rigorisme outré dans l'application de la loi divine, et une exagération calculée de la croyance de l'Eglise. Mais, sous le rapport que j'appellerai politique, quoiqu'il ait trait aux choses de la foi, c'était la négation de l'autorité

(1) *Avertissement aux Protestants.*

et la proclamation de la souveraineté populaire , principes de la Révolution. « C'est l'Eglise, dit en effet Quesnel, qui a le droit d'excommunier, pour l'exercer par ses premiers pasteurs , du consentement au moins présumé de tout le corps. » Son disciple Legros renchérit encore sur ces paroles : «Les évêques, dit-il, en recevant de Jésus-Christ le pouvoir de gouverner, le reçoivent comme ministres de l'Eglise pour exercer en son nom ce pouvoir, dont la propriété réside dans tout le corps de l'Eglise (1). » On le voit, les maximes des sectateurs du Jansénisme ne sont autres que celles des sectateurs de la Réforme, avec un degré de plus d'hypocrisie.

Avec le Jansénisme se montre le Gallicanisme. Qu'est-ce que le Gallicanisme? Une révolte. Que réclame-t-il? Des libertés. Et pourquoi des libertés en matière ecclésiastique seraient-elles accordées à l'Eglise de France, de préférence aux Eglises des autres nations ? L'Eglise gallicane dépendrait-elle moins que les autres du pouvoir spirituel des Papes? Et de quel droit le gallicanisme laïque, par l'organe des avocats, réclamerait-il une intervention dans des matières qui ne dépendent aucunement de leur ressort ? Ne faut-il pas voir plutôt, dans cette tendance vers le schisme, l'impatience du frein et l'indice du désordre qui commençait à

____

(1) *Renversement des libertés gallicanes.*

se propager dans le société ? Oui, c'est l'esprit révolutionnaire qui donna naissance au gallicanisme, et qui autorisa un ouvrage, imprimé à Francfort au moment même de la Révolution française, en 1795, à s'intituler : *Le système gallican atteint et convaincu d'avoir été la première et principale cause de la révolution qui vient de décatholiser et de dissoudre la monarchie très chrétienne, et d'être aujourd'hui le plus grand obstacle à la contre-révolution en faveur de cette monarchie.*

L'influence du philosophisme réclame une place à part dans l'énumération des causes de la Révolution. Il en est la cause dernière et directe. Issu du XVIIme siècle, le philosophisme eut des commencements précaires. L'esprit religieux de ce siècle allant s'affaiblissant à mesure qu'il s'approchait de sa fin, le philosophisme en découla comme une conséquence naturelle. Un vent de critique et de corruption passait dans l'air ; tout en fut plus ou moins atteint, et l'on vit se produire les infamies de la régence et de la royauté qu'elle prépara, et les infamies plus grandes encore, parce qu'elles devaient avoir plus de retentissement, de la littérature. *Haine à la morale et à l'autorité,* telle fut la devise du philosophisme. Cette secte ne s'organisait d'abord qu'en vue du libertinage; mais, de degré en degré, elle s'éleva jusqu'au point d'attaquer tout ce qu'il y a de grand et de respectable sur la terre, et le mouvement imprimé par l'élan irréligieux ne s'arrêta qu'au dernier terme que peut atteindre l'impiété humaine : la haine du christianisme, et, de là, *la haine personnelle contre son divin auteur* (1). Depuis Rousseau qui, en haine de l'homme et de la société, se tenait à l'écart pour saper les bases de cette société, jusqu'à Voltaire, qui voyait se presser sur ses pas une immense cohue de disciples, cette tendance se montre chez tous les littérateurs du philosophisme. *Ecrasons l'infame !* tel était le mot d'ordre répété en toute occasion par le coryphée de la secte, et toute la tourbe fanatisée répondait à cette infamie par des commentaires et des périphrases, qui surpassaient en crudité les aphorismes du Maître. A force de prêcher la révolte contre l'Eglise, la rage satanique des philosophes alla s'augmentant, à tel point que le trône lui-même devint le point de mire de leurs traits les plus envenimés. Aussi ne tarda-t-on pas à exprimer le vœu de *voir les entrailles du dernier des prêtres servir à étrangler le dernier des rois.*

De là résulte une conformité parfaite de vues entre les hommes du philosophisme et ceux de la Révolution. Les maximes professées par les uns furent mises en pratique par les autres. Des œuvres

(1) De Maistre. *Essai sur le principe générateur des constitutions politiques, et autres institutions humaines.*

de Rousseau, Voltaire, Diderot et tant d'autres
sommités philosophiques furent extraites les lois et
sentences de Danton, Robespierre, Marat et tant
d'autres sommités révolutionnaires. On vit même
des hommes qui, comme Condorcet, allèrent terminer leurs thèses, commencées à Fernay, sur les
tribunes de la Convention. Voltaire, du reste,
écrivait à M. de Chauvelin, en 1764 : « Tout ce que
je vois jette les semences d'une révolution qui ar-
rivera immanquablement, et dont je n'aurai pas le
plaisir d'être témoin. On éclatera à la première
occasion, et alors ce sera un beau tapage. Les jeunes gens sont bien heureux; ils verront de belles
choses. » Il n'était pas difficile à Voltaire de prophé-
tiser. Dans la vie du même Voltaire, écrite par Condorcet, on lit le témoignage suivant : « Il n'a point
vu tout ce qu'il a fait, mais il a fait tout ce que
nous voyons. Les observateurs éclairés prouveront
à ceux qui savent réfléchir que *le premier auteur
de cette grande Révolution, c'est sans contredit
Voltaire.* »

Il reste à parler d'une des plus actives causes et
en même temps d'un des plus terribles agents de
la Révolution : *les sociétés secrètes.* Que l'on attri-
bue, si l'on veut, l'origine de ces sociétés aux successeurs des Templiers, qui se jetèrent dans l'ombre pour mieux préparer leur vengeance contre les
successeurs de Clément V et de Philippe le Bel, on
est autorisé à ne voir, dans ces associations téné-

breuses, vu l'habileté de leurs plans, l'impénétra
bilité de leurs machinations et la discipline tyran
nique qui règne parmi leurs initiés, que l'expression
la plus infernale de la Révolution.

Les sociétés secrètes ont pu jouer un certain rôle
dans les révolutions précédentes, mais elles ont
passé presque inaperçues jusqu'à la fin du xviii^e
siècle. Ce n'est qu'à cette époque, sous le règne de
la Philosophie, qu'elles acquirent de vastes proportions et une organisation redoutable. L'Allemand
Weishaupt, fondateur d'une branche particulière
de la secte, ne contribua pas peu à leur faire prendre cette nouvelle tournure. Ecoutons M. Louis
Blanc, au sujet de ce *profond conspirateur* :

« Par le seul attrait du mystère, par la seule
puissance de l'association, soumettre à une même
volonté et animer d'un même souffle des milliers
d'hommes pris dans chaque contrée du monde,
mais d'abord en Allemagne et en France ; faire de
ces hommes, au moyen d'une éducation lente et
graduée, des êtres entièrement nouveaux ; les rendre obéissants jusqu'au délire, jusqu'à la mort, à
des chefs invisibles et ignorés ; avec une légion
pareille, peser secrètement sur les cours, envelop-
per les souverains, diriger à leur insu les gouvernements et mener l'Europe à ce point que toute
superstition fût anéantie, toute monarchie abattue,
tout privilége de naissance déclaré injuste, le droit
même de propriété aboli et l'égalité des premiers

chrétiens proclamée : tel fut le plan gigantesque du fondateur de l'illuminisme (1). »

On peut voir par là où pouvaient aboutir des plans si *gigantesques,* exécutés avec acharnement par un aussi grand nombre d'initiés que comptait la franc-maçonnerie à l'époque dont nous parlons. Déjà les philosophes les plus éminents étaient affiliés à la secte, et les hommes de 93 se formaient à cette digne école . Ecoutons encore M. Louis Blanc :

« Dès l'an 1772, la franc-maçonnerie s'ouvrit jour par jour à la plupart des hommes que nous retrouverons au milieu de la mêlée révolutionnaire. Dans la Loge des *Neuf-Sœurs,* vinrent successivement se grouper Garat, Brissot, Bailly, Camille Desmoulins, Condorcet, Chamfort, Danton, Dom Gerle, Rabaut-Saint-Etienne , Pétion ; Gauchet, Goupil, de Préfeln et Bonneville dominèrent dans la Loge de la *Bouche de Fer.* Sieyès fonda au Palais-Royal le club des *Vingt-Deux.* La Loge de la *Candeur* devint, quand la Révolution gronda, le rendez-vous des partisans de Philippe d'Orléans : Laclos, Latouche, Sillery , et parmi eux se rencontrèrent Custine , les deux Lameth , La Fayette (2). »

______

(1) *Histoire de la Révolution.*

(2) M. Louis Blanc, dans cette *Histoire de la Révolution,* comme dans ses autres histoires, fait ressortir avec netteté la participation de la franc-maçonnerie dans les entreprises révolutionnaires de 1793,

Ce que l'on trouve de plus navrant, en considérant l'enfantement de la Révolution française, c'est, comme je l'ai dit, la participation volontaire ou involontaire, de certains personnages, de ceux même qui avaient le plus d'intérêt à le faire avorter. Marie-Antoinette, elle-même, fut assez aveuglée pour écrire, au sujet des sociétés secrètes, à sa sœur Marie-Christine, le 26 février 1781 :

« Je crois que vous vous frappez beaucoup trop de la franc-maçonnerie pour ce qui concerne la France. On aurait raison de s'en alarmer si, c'était une société secrète de politique. L'art du gouvernement est, au contraire, de la laisser s'étendre , et ce n'est plus que ce que c'est en réalité, une société de bienfaisance et de plaisir. Ce n'est nullement une société d'athées déclarés, puisque, m'a-t-on dit, Dieu y est dans toutes les bouches. On y fait beaucoup de charités, on élève les enfants des membres pauvres ou décédés, on marie leurs filles ; il n'y a pas de mal à cela. Ces jours derniers, la princesse de Lamballe a été nommée grande-maîtresse dans une Loge. Je crois que l'on pourrait faire du bien sans tant de cérémonies ; mais il faut laisser à chacun sa manière. Pourvu qu'on fasse le bien , qu'importe ! »

de 1830 et de 1848. Il serait bon à consulter sous ce rapport, si cela était nécessaire. On sait qu'il n'est pas suspect.

Et cependant, c'était dans ces Loges que se préparait déjà le mouvement insurrectionnel ; c'était dans ces sociétés de *bienfaisance* que s'élaborait le plan de l'échafaud et que se dressait la liste des personnages qui devaient le gravir ; et c'était de ces sociétés *de plaisir* que se préparaient à sortir, coiffés du bonnet phrygien, revêtus de la carmagnole et armés du couperet, les régicides de la Convention. Le comte de Tungwitz, élevé aux plus hauts grades de la franc-maçonnnerie en Russie, faisait, en 1822, la déclaration suivante : « J'ai acquis la ferme conviction que le drame commencé en 1788 et 1789, le régicide avec toutes ses horreurs, avait été résolu dans les *Loges* et était le résultat des associations et des serments. » Précédemment, en 1794, le grand-chapitre des maçons allemands, s'écriait : « Notre ordre a révolutionné les peuples de l'Europe pour de longues générations. » Et il disait vrai.

Ainsi Marie-Antoinette, faisant l'éloge des membres des sociétés secrètes, faisait l'éloge de ses bourreaux et participait indirectement à la préparation du mal qui allait éclater. Tant il est vrai de dire qu'il est des maladies tellement endémiques que personne ne peut se flatter de se soustraire à la contagion ! Tant il est vrai de dire aussi que, tandis que l'on croit l'innocent enveloppé dans le châtiment des coupables, cet innocent lui-même avait participé, dans une certaine mesure, à la faute, et qu'il ne faut pas s'étonner s'il en subit la plus cruelle punition ! Tant il est vrai de dire enfin que l'on se fait bien des illusions sur la portée de la Révolution, et que bien des yeux se sont dessillés ou se dessilleront seulement aux lueurs de la foudre, mais lorsqu'il a été ou qu'il sera trop tard !

V

La Réforme, le Jansénisme, le Gallicanisme, le Philosophisme, la Franc-Maçonnerie, et surtout la tendance générale des esprits, voilà les causes de la Révolution. Ces causes sont la Révolution elle-même, avant d'être parvenue à sa perfection. Les conséquences de la Révolution ne sont, à leur tour, que la Révolution en acte. Et, si elle ne se produit pas avec tout son éclat elle n'en subsiste pas moins, comme nous l'avons vu, et se traduit toujours par l'altération radicale de la constitution du peuple et l'oubli total de sa mission. Or, cette altération provient de la fausse interprétation des principes de *liberté* et de *souveraineté populaire*, non dans le sens de l'Eglise catholique, mais dans le sens de la Révolution. Entendus dans le sens de l'Eglise ; ces principes établisent la parfaite harmonie de la société, tandis que, dans le sens de la Révolution, ils ne peuvent aboutir qu'à son renversement.

On ne sait trop d'où peut venir le préjugé qui fai de l'Eglise l'implacable ennemie de la liberté et des partisans du *droit divin* les fanatiques du despotisme. Ou plutôt, on ne le conçoit que trop : c'est que l'Eglise et les partisans du *droit divin* donnent seuls les vraies notions de cette précieuse faiculté, dont leurs ennemis ne professent si bruyamment le nom que pour en abuser et le faire servir aux déréglements de leur ambition et de leurs caprices.

Il est un fait certain : c'est que le christianisme repose sur la vraie notion de la liberté, et que, en dehors de lui, on ne peut trouver de véritable liberté. Qu'on n'objecte pas, d'un côté, les *auto-da-fé* de l'Inquisition, les cachots de Galilée et autres vieilleries cent fois réfutées victorieusement, mais sans cesse évoquées par des adversaires de parti-pris et à bout des moins valables arguments; qu'on n'objecte pas, d'un autre côté, la prétendue liberté des Républiques grecques et romaines : les gémissements des ilotes réfutent trop victorieusement ces vulgaires assertions, et l'on sait que la République romaine n'avait rien de plus pressé, à l'approche d'un danger quelconque, que de se jeter dans les bras d'un dictateur.

Ce ne fut qu'avec le christianisme que les masses commencèrent à connaître la liberté ; l'esclavage n'a cessé qu'avec le christianisme. *Christus nos liberavit.* Que de luttes acharnées les champions du Christ n'eurent-ils pas à soutenir avant de pouvoir proclamer le triomphe de la liberté ! La société païenne était incapable de jouir de ce don divin , il lui fallait des tyrans , l'esclavage était son élément. S'il éclatait quelque émeute , si l'on renversait quelque despote , c'est que les fers étaient trop légers ; c'est qu'on voulait substituer à un Tibère un Caligula , à un Claude un Néron. On peut se figurer quels obstacles devaient rencontrer les apôtres au milieu de ces peuples nés pour la servitude. Cependant ils parvinrent à faire produire à cet arbre précieux des fruits abondants ; mais ce ne fut qu'après l'avoir arrosé du sang de millions de martyrs. Désormais la liberté devait régner chez les nations chrétiennes , et si quelques institutions , telles que la hiérarchie féodale , tendaient à diminuer les droits d'une partie de la société, l'Eglise était là pour remédier aux abus , et pour prévenir l'extinction complète du flambeau dont elle avait éclairé le monde. Il est cependant avéré que dans les Etats chrétiens , le despotisme n'a jamais pu atteindre le degré d'intensité de celui qui règne dans les Etats où l'Eglise n'a pu exercer sa bienfaisante influence.

Quant au principe de la souveraineté populaire , la doctrine de l'Eglise est que le pouvoir , qui doit émaner de Dieu pour être légitime , est transmis immédiatement dans le peuple , et médiatement , c'est-à-dire par le moyen du peuple qui ne peut l'exercer, au corps spécial qu'on appelle le gouvernement.

Cette doctrine est parfaitement admissible pour les partisans de la souveraineté du peuple; mais elle est en désaccord avec leurs théories, en ce sens qu'elle donne à l'exercice de l'autorité une sanction plus sérieuse que celle qui résulte seulement de la volonté du peuple, inconstante de sa nature, et par conséquent sujette à de perpétuelles variations.

D'où provient donc, chez les ennemis de l'Eglise, cette tendance obstinée à la charge, de si absurdes accusations ? Cela provient nécessairement des fausses notions et de la fausse application de ces principes. Cela provient de ce qu'ils éliminent l'ingérence de Dieu dans les affaires humaines, et qu'ils ne veulent reconnaître d'autre évangile que les principes de 89. Ces principes disent :

« Les hommes naissent et *demeurent libres et égaux en droits*..... Le but de toute association politique est la conservation des droits naturels et imprescriptibles, de l'homme. *Ces droits sont la liberté, la sûreté et la résistance à l'oppression. Le principe de toute souveraineté réside essentiellement dans la nation ; nul corps, nul individu ne peut exercer d'autorité qui n'en émane expressément... La loi est l'expression de la volonté générale.* »

Voilà sur quels fondéments s'appuient les principes que l'on a improprement appelés les *droits de l'homme*, parce qu'ils ne sont en réalité que l'oubli de ses devoirs et la négation des droits de Dieu. Ces principes sont donc, par essence, subversifs de la société , puisque leur usage n'est déterminé que par le bon vouloir de ceux qui les pratiquent , et que ce bon vouloir est très enclin à l'égarement. « Le peuple , a dit Mably , ne peut se creire libre sans être tenté d'abuser de sa liberté.» Et comme le principe de la souveraineté est dépendant de celui de la liberté , on peut dire également que, pour la même raison, un peuple ne peut se croire souverain, sans être tenté d'abuser de sa souveraineté. Que fait même ce peuple généralement? Il abuse du droit qu'il croit tenir de ces principes, et de cet abus découlent tous les excès qui ont flétri chacune des pages de l'histoire de la Révolution. Incontant par nature, imbu de préjugés et de maximes contraires aux vraies notions du pouvoir et de la société, exploité par des meneurs ambitieux ou criminels, le peuple se laisse aller à tout vent de doctrine , n'est jamais content que de ce qu'il n'a pas , et, de nouveauté en nouveauté, finit par arriver aux extrêmes limites du despotisme et de l'anarchie. Peu lui importe le changement , peu lui importe la stabilité , peu lui importe le péril qu'il rencontre dans la recherche de sa prétendue liberté et dans l'exercice de sa prétendue souverainté : ses penchants déréglés le poussent incessamment vers l'incertitude , vers les péripéties , vers les catastrophes , et ne lui laissent jamais un seul instant de vrai repos , de vraie sécurité.

On est étonné quand on voit la facilité avec

laquelle un peuple se laisse séduire par de fausses
théories et abuser par de vains mots. Le peuple,
du moment qu'il proclame les principes de la Révolution, se croit plus libre, se croit plus heureux.
Il n'en est rien cependant, et la liberté et la puissance dont il se croit investi ne sont que des
masques qui recouvrent son esclavage et son assu-
jettissement au despotisme le plus absolu. Le peuple, à proprement parler, peut-il être libre, peut-il
être souverain, comme tendraient à le suggérer
les principes qu'il proclame ? Non, en dehors de
l'anarchie, et comme l'anarchie est un gouvernement anormal et par conséquent incapable de
subsister, il s'ensuit que le peuple ne peut être
libre même sous ce régime. Et s'il sort de l'anarchie, que fera-t-il ? Il transmettra l'exercice de son
pouvoir à un homme ou à un corps spécial, à la
monarchie ou à l'oligarchie. Mais ressentira-t-il
moins le poids de ses chaînes, par la raison qu'il
se les impose ? Les rois qu'il se choisit le traite-
ront-ils avec plus de douceur que les rois que lui
donne le ciel ? Non, car ces rois, ne devant leur
élévation qu'à la fantaisie du peuple, ne pourront
prévenir tout retour de cette fantaisie que par la
force et tous les autres moyens qu'il leur sera possible d'employer, sauf le droit ; ce qui s'appelle le
despotisme. Et même un roi, qu'il dépende du
droit populaire ou du droit divin, sera toujours un
roi, et ne se réduira pas à l'état d'automate, pour

laisser le peuple suivre ses instincts, autrement il abdiquerait, ou pour le moins sa chute serait bien prochaine. Le peuple, après tout, laissant de côté la royauté, pourra embrasser la République. Qu'est-ce à dire? N'aura-t-il pas, même dans la République, un maître et des entraves? Sera-t-il plus libre et plus souverain? Il pourra, il est vrai, se faire représenter. Mais, outre que l'institution représentative n'est pas le propre de la République, « qu'importe à la *nation* le vain honneur de la représentation, dont elle se mêle si indirectement, et auquel des milliards d'individus ne parviendront jamais? La souveraineté et le gouvernement lui sont-ils moins étrangers (1)? »

Quel que soit le gouvernement sur lequel se pose l'inconstance du peuple, égaré par les maximes de la Révolution, ce gouvernement ne pourra subsister, par la raison que le peuple ne saura jamais s'en accommoder, et qu'il oscillera perpétuellement entre l'extrême anarchie et l'extrême despotisme.

Que d'exemples de cette instabilité et de ce malaise la France ne présente-t-elle pas depuis l'adoption des principes révolutionnaires! Sans parler du despotisme qu'elle a trouvé jusque dans l'anarchie, car c'étaient de terribles despotes que Danton et Robespierre, elle n'a pu sortir de ce bourbier que pour se réfugier dans les bras des Bonaparte. Elle

(1) De Maistre. *Considérations sur la France.*

a, de plus, suivant le plus ou moins d'élan qu'elle pouvait prendre, apporté l'exercice de son pouvoir souverain aux pieds des représentants de presque tous les régimes. Elle n'a pu conserver aucun de ces gouvernements, pas même ceux qui semblaient devoir clore le cours de ses péripéties, en s'approchant le plus des termes de son ancienne constitution, c'est-à-dire de sa constitution naturelle. Un rapide coup d'œil sur ces changements continuels n'est pas sans intérêt ni sans instruction.

Depuis 1789, ligne de démarcation entre l'ancien et le nouvel ordre de choses,. que voyons-nous s'opérer en France? Plus de vingt différentes constitutions, promulguées par autant de gouvernements différents.

La fermentation des esprits, qui a inspiré la proclamation des *droits de l'homme*, impose à Louis XVI la Constitution du 5 septembre 1791. Mais les idées bouillonnent dans le cerveau des hardis législateurs, et, à cette Constitution, on voit succéder, dans la République une et indivisible, avec une mobilité qui tient du vertige, les Constitutions de plus en plus hasardées du 24 juin 1793, du 13 vendémiaire an II et du 4 frimaire de la même année.

Après l'Assemblée législative, l'Assemblée constituante ; après l'Assemblée constituante, la Convention ; après la Convention, le Directoire, et avec le Directoire une nouvelle Constitution, celle du 5 fructidor an III, qui se maintient quatre ans et demi, mais ne vaut pas mieux que les autres. La mesure est comble, une réaction terrible se produit. La nation va-t-elle être assez instruite par tant de malheurs? Non, elle est encore engouée de la Révolution, et ne doit pas, par conséquent, s'écarter des principes de la Révolution. Elle produit donc un consulat qui enfante deux constitutions, celle du 23 frimaire an VII, et celle des 14 et 16 thermidor an X, d'une durée de deux ans chacune. Mais le Consulat était à l'Empire ce que le vestibule est au palais.

Déjà Napoléon perçait sous Bonaparte.

L'Empire est proclamé, et sa Constitution promulguée le 28 floréal an XII, et la *révolution organisée*, selon une des définitions de l'Empire, bouleverse l'Europe et plus que l'Europe pendant dix années, au bout desquelles l'impatience générale appelle une Restauration qui établit la Constitution des 6 et 9 avril 1814, et, trois mois après, la Charte du 14 juin. Viennent les Cent-Jours. La Constitution impériale reçoit l'acte additionnel du 22 mars 1815, qui se maintient près de cent jours, durée de la dernière équipée napoléonienne. Cette courte leçon fait revenir la Restauration qui prospère pendant quinze ans, à partir de l'ordonnance du 7 juillet.

Mais il est écrit qu'en France rien ne sera stable,

pas même la prospérité. A la royauté restaurée de Louis XVIII et de Charles X , une émeute fait succéder la royauté constitutionnelle de Louis-Philippe, dont la Charte du 6 août 1830 peut se maintenir pendant dix-huit ans. Sans avoir plus de chance que la royauté légitime qu'elle a renversée , la royauté des trois journées est renversée par une République, la deuxième République, qui ne devait durer guère plus de deux ans avec sa Constitution du 12 novembre 1848, et qui devait amener , comme sa sœur aînée, une réaction impériale.

La Constitution éphémère du 2 décembre 1851 fait place à celle du 14 janvier 1852, laquelle devait durer dix-neuf ans , être modifiée sur le déclin de l'Empire, en 1869, et s'effondrer avec lui sous le poids de l'invasion étrangère. Cette fois, au lieu d'amener la restauration du gouvernement légitime , comme les précédentes réactions anti-impériales, la réaction ne produisit qu'un simulacre de république qu'on appela *gouvernement de la défense nationale* (4 septembre 1870) , qui devait aboutir à la République de M. Thiers , laquelle a vu la Constitution de la Commune de 1871 , et doit aboutir on ne sait où.

Donc , tous ces changements, d'une rapidité et d'une légèreté extraordinaires , et qui menacent de ne pas toucher à leur fin , prouvent jusqu'à l'évidence combien la France a été égarée , en suivant les funestes principes qu'entretient toujours, tena-

ces et séduisants , la main hypocrite de la Révolution. Cela prouve aussi que la France , à certaines
époques de sa nouvelle histoire , a voulu chercher
des garanties pour l'ordre et la liberté dans des
gouvernements capables de les lui assurer. Mais
elle s'est trompée d'adresse , égarée toujours par
ses mêmes conducteurs. Il lui serait si facile cependant de ne pas se tromper. Mais elle a cru qu'on
pouvait briser impunément avec le passé et que
des mandataires de son goût sauraient bien impro-
viser une constitution.

« La philosophie moderne, dit de Maistre , est
tout à la fois trop matérielle et trop présomptueuse
pour apercevoir les véritables ressorts du monde
politique. Une de ses folies est de croire qu'une assemblée peut constituer une nation ; qu'une *constitution* , c'est-à-dire l'ensemble des lois fondamentales qui conviennent à une nation et qui
doivent lui donner telle ou telle forme de gouvernement , est un ouvrage comme un autre, qui
n'exige que de l'esprit , des connaissances et de
l'exercice ; qu'on peut apprendre son *métier de
constituant*, et que des hommes , le jour qu'ils y
pensent, peuvent dire à d'autres hommes : « *Faites-
nous un gouvernement* , » comme on dit à un ou-
vrier : « *Faites-nous une pompe à feu ou un métier à bas.* »

» Cependant , il est une vérité aussi certaine ,
dans son genre, qu'une proposition de mathéma-

tiques , c'est que *nulle grande institution ne résulte d'une délibération*, et que les ouvrages hu-
mains sont fragiles en proportion du nombre d'hommes qui s'en mêlent, et de l'appareil de science et
de raisonnement qu'on y emploie *à priori*.

» Une constitution écrite, telle que celle qui régit
aujourd'hui les Français (Constitution de 1795),
n'est qu'un automate, qui ne possède que les formes extérieures de la vie. L'homme, par ses propres
forces , est tout au plus un *Vaucanson ;* pour être
Prométhée , il faut monter au ciel ; car *le législa-
teur ne peut se faire obéir ni par la force ni par
le raisonnement* (1). »

Il est donc nécessaire, pour parvenir à la fixité
du gouvernement , et par là même à la prospérité
commune , de ne pas se fier à des hasards péril-
leux, et de s'attacher à une *constitution,* qui soit
naturelle au pays et conforme à ses intérêts , à une
constitution qui soit, pour ainsi dire, l'expression
et l'efflorescence de cette *constitution* que j'ai déjà
qualifiée, et qui se forme de la réunion de tous les
éléments qui donnent à une nation une personna-
lité , une âme , une vie, une forme , une manière
d'être particulière.

Or, quelle est la constitution qui renferme toutes

(1) *Considérations sur la France.* De Maistre cite ici
Rousseau, qui « laisse échapper la vérité par distrac-
tion. »

ces conditions ? C'est , d'après de Maistre, la solution du problème suivant :

« Etant donnés la *population, les mœurs, la religion , la situation géographique, les relations politiques, les richesses, les bonnes et les mauvaises qualités d'une certaine nation , trouver les lois qui lui conviennent.* »

VI

Le meilleur gouvernement sera donc celui qui donnera la solution la plus satisfaisante du problème précédent. Mais quel sera ce gouvernement ? La question , passablement embrouillée par les économistes de la Révolution , ne peut se résoudre que par l'examen des traits de conformité que présente chacun des divers gouvernements avec la constitution du pays. Je ne toucherai à cette question qu'autant qu'il le faut pour prouver que le parti qu'on appelle catholique est un peu moins exclusif que les partis révolutionnaires, et qu'il s'accommode de tous les régimes , pourvu qu'ils soient en harmonie avec cette constitution.

Bossuet , dans sa *Politique tirée des propres paroles de l'Ecriture sainte ,* semble résumer admirablement la doctrine de l'Eglise et du droit divin sur ce point.

Il commence par poser en principe que *Dieu est le vrai roi*, et que son empire est *éternel* et *absolu*, puisqu'il a tout créé et que *tout est en sa main*. Après avoir démontré qu'il a exercé visiblement cet empire dans les premiers temps du monde, le grand docteur ajoute que « le premier empire parmi les hommes est l'empire paternel, » mais « qu'il s'établit pourtant bientôt des rois, ou par le consentement des peuples ou par les armes. Ces deux manières d'établir les rois sont connues dans les histoires anciennes. C'est ainsi qu'Abimélech, fils de Gédéon, fit consentir ceux de Sichem à le prendre pour leur souverain... C'est ainsi que le peuple de Dieu demanda, de lui-même, un roi pour le juger. Le même peuple transmit toute l'autorité de la nation à Simon et à sa postérité. L'acte en est dressé au nom des prêtres, de tout le peuple, des grands et des sénateurs qui consentirent à le faire prince. » L'histoire profane nous montre des rois établis de la même manière, par exemple Déjocès rois des Mèdes. Quant aux rois par conquête, l'on cite Nemrod, le premier des rois conquérants, et Chodorlahomor, roi des Elamites. « Ces empires, quoique violents, injustes et tyranniques d'abord, par la suite des temps et par le consentement des peuples, peuvent devenir légitimes. » Cependant, « il y a eu d'autres formes de gouvernement que celle de la royauté. Les histoires nous font voir un grand nombre de républiques dont les unes se gouvernaient par tout le peuple, ce qui s'appelait démocratie, et les autres par les grands, ce qui s'appelait aristocratie. » Et même « il semble qu'au commencement les Israélites vivaient dans une forme de république. »

Mais, quoi qu'il en soit de la forme de gouvernement usitée chez les divers peuples, d'après Bossuet, « la monarchie est la forme de gouvernement la plus commune, la plus ancienne et aussi la plus naturelle, » et, de plus, « de toutes les monarchies, la meilleure est la successive ou hériditaire, surtout quand elle va de mâle en mâle, et d'aîné en aîné. » Ce genre de gouvernement est le plus avantageux pour trois raisons. « La première, c'est qu'il est le plus naturel, et qu'il se perpétue de lui-même. Rien n'est plus durable qu'un Etat qui dure et se perpétue, par les mêmes causes qui font durer l'univers et qui perpétuent le genre humain.... La seconde raison qui favorise ce gouvernement, c'est que c'est celui qui intéresse le plus à la conservation de l'Etat les puissances qui le conduisent. Le prince qui travaille pour son Etat travaille pour ses enfants, et l'amour qu'il a pour son royaume, confondu avec celui qu'il a pour sa famille, lui devient naturel.... La troisième raison est tirée de la dignité des maisons où les royaumes sont héréditaires. »

On le voit, d'après ce bref exposé, la politique de Bossuet reconnaît les diverses espèces de gouvernement, telles que la République démocratique et aristocratique, et la monarchie ; mais de ce que sa préférence est acquise à la monarchie héréditaire, il ne faut pas conclure à ce qu'elle réprouve les gouvernements de forme différente. Cela ressort avec évidence de sa conclusion :

« On doit s'attacher à la forme de gouvernement établie dans son pays. *Que toute âme soit soumise aux puissances supérieures : car il n'y a point de puissance qui ne vienne de Dieu, et toutes celles qui sont, c'est Dieu qui les a établies ; ainsi, qui résiste à la puissance, résiste à l'ordre de Dieu* (1). »

 « Il n'y a aucune forme de gouvernement, ni aucun établissement humain qui n'ait ses inconvénients ; de sorte qu'il faut demeurer dans l'état auquel un long temps a accoutumé le peuple. C'est-pourquoi Dieu prend en sa protection *tous les gouvernements légitimes, en quelque forme qu'ils soient établis :* qui entreprend de les renverser, n'est pas seulement ennemi public, mais encore ennemi de Dieu. »

Les peuples ayant des mœurs et des besoins divers, doivent être plus aptes à telle ou telle constitution, à telle ou telle forme de gouvernement. Voilà pourquoi l'Eglise et les défenseurs du droit divin n'excluent *à priori* aucune de ces for-

_____

(1) *Romains,* XIII, 1, 2.

mes. Mais, suivant que l'intérêt d'un Etat le demande, ils revendiquent pour cet Etat celle qui lui
convient le mieux, à l'exclusion de toutes les autres.
Ils vont plus loin : s'appuyant sur l'exemple des
Israélites, qui voulurent substituer le pouvoir des
Rois au pouvoir des Juges, ils reconnaissent la con-
venance d'un changement de gouvernement, si ce
changement s'opère par un mobile légitime et n'est
pas amené par l'entrainement des passions. Si donc
ils s'attachent à la défense du gouvernement monarchique et héréditaire dans les pays où ce gouvernement est constitué, c'est qu'ils croient, avec
Bossuet, que le gouvernement établi depuis longtemps dans un pays est le plus conforme à sa
constitution et le plus propre à la prospérité commune, surtout s'il n'y a pas de raison valable
de l'abandonner; tandis que s'ils repoussent, pour
ce pays, l'institution républicaine, c'est qu'ils ne
la croient pas satisfaisante, cette forme de gouvernement n'ayant jamais pu s'établir définitivement,
et ayant d'ailleurs donné des preuves de son insuffisance. S'ils rejettent également l'institution des
autres formes de la monarchie, c'est qu'ils n'ont pas
plus foi en elles qu'en la République.

La preuve qu'en agissant ainsi ils n'agissent pas
de parti pris, c'est qu'il est un gouvernement qui
revêt une de ces dernières formes, et que ce gouvernement est l'objet de leur plus grand respect et
de leur plus grand amour. Ce gouvernement, c'est

celui de l'Eglise. Le Chef du pouvoir ecclésiastique n'a aucun droit de na'ssance et ne doit son élevation qu'à l'élection. Mais il faut remarquer que le mode d'élection du souverain Pontife repose moins que les autres sur le caprice ou l'arbitraire ; qu'il renferme des conditions que les autres n'ont pas pour rendre l'opération valable et légitime ; qu'il ne peut comme les autres, altérer la constitution du gouvernement ; et surtout qu'il est mû et assisté par l'inspiration divine, ce qui fait voir dans le gou vernement qui en est l'objet un gouvernement à part parmi les gouvernements électifs.

D'autre part, il existe un parti catholique et défenseur du droit divin dans des Etats hétérodoxes et dans des Etats républicains. Ce n'est jamais ce parti qui s'élève par système contre le gouvernement légitimement constitué. Les catholiques d'Angleterre ne s'insurgent pas contre l'autorité de la reine, les catholiques des Etats-Unis ne méconnaissen pas le pouvoir du président.

L'on peut dire encore que le gouvernement électif, qu'il soit monarchique ou républicain, ce qui revient au même puisque ces régimes ne diffèrent que par la forme, est en lui-même le meilleur des gouvernements. Mais je dis *en lui-même,* et indépendamment des circonstances dérivant dans toutes les institutions humaines des faiblesses inkérentes à l'humanité, ce qui diminue singulièrement son excellence quand il s'agit d'en faire l'application. Supposons, en effet, une société quelconque, où chaque particulier ait une part égale de mérites : quel sera celui qui aura le plus de droits à la supériorité, sinon celui qui, au moyen de certaines conventions, aura été appelé par les autres à pourvoir aux intérêts de la communauté ? Supposons même que la répartition des mérites soit disproportionnée entre les membres de la société, mais que chacun de ces membres soit parfaitement capable de reconnaître celui d'entre eux qui en réunit la plus grande somme : il est évident que le plus digne sera investi du souverain pouvoir, et que l'harmonie qui doit régner entre la tête et les membres du corps social sera maintenue, tant que les conditions resteront les mêmes.

Mais qui ne voit que c'est là une hypothèse irréalisable, une pure utopie, une théorie dont il est impossible de faire la moindre application, un système de gouvernement et de société établi tout exprès pour ce que de Maistre appelle *l'homme ?* « Or, ajoute le profond penseur, il n'y a point d'*homme* dans le monde. J'ai vu, dans ma vie, des Français, des Italiens, des Russes, etc. ; je sais même, grâce à Montesquieu, *qu'on peut être Persan* ; mais quant à l'*homme,* je déclare ne l'avoir rencontré de ma vie ; s'il existe, c'est bien à mon insu (1). »

(1) *Considérations sur la France.*

Il reste donc hors de doute que les catholiques ne sont pas partisans quand même d'une forme spéciale de gouvernement, et que par conséquent l'accusation d'intolérance que lancent contre eux les révolutionnaires retombe sur la tête de ces derniers.

Mais, s'il faut en venir â l'application d'un de ces systèmes à la France, la question est de savoir celui qui lui convient le mieux. Est-ce la République, est-ce la Monarchie?

VII

Je l'ai déjà dit, le parti catholique n'est l'ennemi systématique d'aucune forme de gouvernement acceptable. Il ne repousse donc pas à *priori* le système républicain. Mais doit-il l'admettre pour la France ?

De Maistre nous a déjà montré ce que c'est qu'une *constitution*. Elle doit tenir aux entrailles même de la nation, et n'être, pour ainsi dire, que l'expression de ses besoins et de ses intérêts. Or, la République répond-elle aux besoins et aux intérêts de la France ? Ressort-elle naturellement de sa constitution ? Ne semble-t-elle pas, au contraire, lui porter une atteinte profonde ?

D'ailleurs, quelle République établir ? La Répu-

blique fédérative de la Suisse et des Etats-Unis?
Ce n'est point le cas de la France. La République
une et indivisible? C'est évidemment celle dont il
s'agit. Mais de Maistre en se posant cette question :
La République peut-elle durer? répond par celle-
ci : *La République peut-elle exister?*

« On le suppose, poursuit-il ; mais c'est aller
trop vite, et la *question préalable* semble très ʿ
dée ; car la nature et l'histoire se réunissent
établir qu'une grande République indivisibʿ
une chose impossible. Un petit nombre de rʿ
cains, renfermés dans les murs d'une ville, peuvent sans doute avoir des millions de sujets : ce fut
le cas de Rome ; mais il ne peut exister une grande
nation libre sous un gouvernement républicain.
La chose est si claire d'elle-même que la théorie
pourrait se passer de l'expérience ; mais l'expérience, qui décide toutes les questions en politique
comme en physique, est ici parfaitement d'accord
avec la théorie (1). »

(1) Cette doctrine de de Maistre, qu'il confirme par
des comparaisons et des exemples, peut être corro-
borée par le témoignage de Montesquieu, et au besoin par celui de Rousseau. « Ces sortes d'institutions, dit l'auteur de *l'Esprit des lois*, ne peuvent
avoir lieu que dans un petit Etat, comme étaient les
villes de la Grèce, où l'on peut donner une éducation
générale, et élever un peuple comme une famille.
Les lois de Minos, de Lycurgue et de Platon suppo-

Cette impossibilité générale est surtout applicable à la France. De Bonald, après avoir tracé de main de maître le portrait du peuple français, s'appuie sur son caractère pour démontrer son incompatibilité avec le système en question :

« Le Français, dit-il, n'est fait ni pour une extrême liberté, ni pour une extrême dépendance. Il se laissera opprimer pour ne pas servir ; il prendra des chaînes de peur d'en recevoir. Ne croyez pas que le nouveau régime auquel on l'a soumis puisse lui convenir. La turbulence des institutions démocratiques accroîtra sa licence, et l'austérité des formes républicaines effarouchera son humeur libre et folâtre..... *Il faut au Français l'éclat de la monarchie et la vigueur du pouvoir unique.* Mais que votre fermeté ne soit pas sans indulgence, ni votre sagesse sans grâce. Hélas ! s'il s'est perdu,

sent une attention singulière de tous les citoyens les uns sur les autres. On ne peut se promettre cela dans la confusion, dans les négligences, dans l'étendue des affaires d'un grand peuple. » — « Si dans les différents Etats, dit à son tour l'auteur du *Contrat social*, le nombre des magistrats suprêmes doit être en raison inverse de celui des citoyens, il s'ensuit qu'en général le gouvernement démocratique convient aux petits Etats, l'aristocratie aux médiocres et la monarchie aux grands. » — « Les mots de *grande République*, peut-on en conclure avec de Maistre, s'excluent comme ceux de *cercle carré.* »

c'est que son caractère, méconnu par ses maîtres, a été trop bien saisi par ses tyrans (1). »

De là ressort l'impossibilité générale d'une grande République, et surtout d'une grande République française. L'on peut, d'ailleurs, considérer cette République en elle-même, et voir ce qu'elle promet dans ses actes, dans les doctrines qui les préparent et dans les hommes qui les opèrent.

Il est un fait incontestable et qu'il est bon de ne pas oublier quand on parle de la République : c'est que les idées républicaines n'ont commencé à avoir quelque crédit en France que par suite des bouleversements occasionnés par la tourmente révolutionnaire. Ces idées avaient bien tenté une petite irruption dès les troubles de la Fronde. « On répétait alors, dit le cardinal de Retz, que la royauté était trop vieille et qu'il fallait la remplacer par la République. » Mais ces idées n'avaient alors pas plus d'importance que la révolution qui les engendrait. Leur propagation était réservée à cette révolution *qui dure encore*, comme disait Talleyrand.

Il est un autre fait aussi certain : c'est que la République a été inaugurée en France par la Terreur, et qu'on n'a pu une seule fois tenter son renouvellement sans évoquer le hideux fantôme de la Terreur. Quels sont, en effet, les souvenirs qui s'attachent à la première République ? La guil-

(1) *Théorie du pouvoir.*

lotine en permanence à Paris, après l'assassinat de Louis XVI, lés fusillades de Lyon, les noyades de Nantes, les massacres de la Glacière, à Avignon, avec des imitations de toutes ces atrocités dans toutes les villes de France. Quels sont les souvenirs qu'a laissés la révolution de Février? L'assassinat du général de Bréa et de Msr Affre, les incidents de trois fameuses journées et tous les autres témoignages des bonnes dispositions de la nouvelle République à poursuivre l'œuvre de sa sœur aînée. Et que rappellera la Commune républicaine de 1871 ?

Maintenant, que l'on dise la République de l'avenir exempte de toutes ces horreurs, *modérée* si l'on veut, et qu'elle doive être regardée, dans ces conditions, comme le salut de la France et la forme nécessaire de son gouvernement, ce sont là des assertions gratuites, qui ne s'appuient sur aucune donnée positive et que pour énoncer l'on devrait bien attendre la ratification de l'expérience.

Mais, peut-on objecter, le système républicain actuellement en vigueur, en dehors des égarements de la *Commune* et de quelques émeutes partielles, n'offre aucun trait de ressemblance avec les formes républicaines du passé de la France. Le gouvernement n'appelle pas à son aide la Terreur et ne délibère pas sous la sinistre influence d'une Convention. La prospérité et la sécurité du pays sont bien loin d'être compromises par un gouvernement qui se donne tant de peine à les acquérir et à les conserver. La durée même sans cesse accrue de ce système n'est-elle pas garant de la confiance du peuple, et ne donne-t-elle pas raison aux espérances qu'elle sanctionne ?

— D'accord, peut-on répondre sur certains points. Mais la valeur d'un système quelconque peut-elle se prévaloir de la valeur de ses représentants ? Et la fausseté de son principe peut-elle être redressée par leur rectitude ? Son essence ne peut-elle pas être altérée, sans que sa forme extérieure ait subi la moindre modification ? Une voix officielle n'a-t-elle pas déclaré qu'il peut y avoir une *République sans républicains ?*

Du moment que l'on a reconnu, dans une Assemblée nationale, une majorité monarchique, y a-t-il quelque témérité à affirmer que l'ordre de choses établi a été maintenu et préservé de graves écarts par la tolérance et l'assentiment de ce parti ? Somme toute, l'histoire de la France contemporaine n'aurait-elle pas pu fournir des pages aussi honorables sous un régime différent ? C'est ce qui ne paraît pas pleinement évident, et un simple coup d'œil jeté sur cette histoire pourrait justifier bien des doutes.

Que verrait-on, en effet, dans cette période de cinq ou six mois, pendant laquelle la France, cruellement envahie, obéissait à un pouvoir qui s'intitulait : *Gouvernement de la défense nationale ?* L'on verrait les fautes de l'Empire se répéter sur une plus large échelle , et les conséquences de ces mêmes fautes poussées à leurs dernières limites. L'on verrait se produire , sinon les excès qui ont flétri les précédentes périodes républicaines, du moins de nombreuses imitations, et se proclamer les mêmes principes aboutissant aux mêmes résultats. L'on verrait, en résumé , la France plongée dans un deuil et dans un avilissement dont, heureusement, ses annales n'offrent que de très rares exemples.

Une République d'organisation différente avait succédé à cette République de coup d'Etat, qui, ponr se faire accepter, s'était dissimulée sous un pseudonyme. C'était bien encore le gouvernement du 4 septembre, mais qui s'appuyait sur une Assemblée, et qui était présidé par M. Thiers.M. Thiers, à la vérité, était l'homme de la situation ; il s'était opposé à une guerre dont il avait, dès Sadowa, prévu les conséquences, et les suffrages de plus de vingt départements l'avaient clairement désigné à de si hautes fonctions. Mais ce gouvernement n'aurait-il pas pu faire quelque chose de plus pour la rédemption et la restauration de la France ?

Ah ! si l'éminent homme d'Etat avait été le plénipotentiaire d'un gouvernement sympathique à l'Europe, et digne de traiter d'égal à égal avec la puissance adverse, les événements auraient peut-être changé de face. Les vainqueurs auraient sans doute rabattu quelque chose de leur fierté et de leurs exigences, tandis qu'ils ne pouvaient que les augmenter en face de négociateurs dont l'humiliation présente n'avait d'égale que l'outrecuidance passée. M. Jules Favre, en effet, malgré sa promesse solennelle, exprimée après l'entrevue de Ferrières, de ne livrer *aucun pouce de notre territoire, aucune pierre de nos forteresses*, se voyait contraint de signer la cession de l'Alsace et de la Lorraine, comme il avait dû précédemment traiter de la reddition de Paris. D'un autre côté, les cabinets européens se seraient peut-être décidés à une tardive mais heureuse intervention, en faveur d'un pouvoir qu'il aurait été de leur intérêt de conserver, tandis qu'ils ne pouvaient que délaisser un système si antipatique à celui qu'ils suivaient. On sait ce qu'il serait advenu de la France, après l'invasion de 1815, si l'autorité royale ne s'était présentée en face de la coalition pour conjurer l'orage provoqué par les turbulences impériales. Mais, quoi qu'il en eût été de l'attitude de l'étranger, s'il est vrai que la conclusion de la paix fût une nécessité pour la France, et que les négociateurs dussent être prêts à de grands sacrifices, il ne reste pas moins hors de doute que, en dépit de l'habileté et du prestige de M. Thiers, les exigences prussiennes ne pouvaient guère s'augmenter sans compromettre sérieusement l'avenir de la France.

Maintenant que le territoire est en partie délivré

de l'occupation étrangère, et que les émeutes sont apaisées, quel gage de prospérité pour le présent et de sécurité pour l'avenir résulte-t-il du maintien de l'ordre de choses actuel ? Si même, d'après certains témoignages, les idées républicaines sont en progrès, peut-on en inférer plus de stabilité pour le gouvernement qui les représente ? De sinistres pressentiments ne s'accréditent-ils pas, malgré des assurances officielles de calme et de sécurité? Ne voit-on pas que la perpétuation de la République maintient en circulation des idées de changement et des aspirations vers la nouveauté, qui ne peuvent se concilier avec les idées de sagesse et de fixité nécessaires à la consolidation de tout gouvernement? Ne voit-on pas que, du moment que la République est une concession faite à l'idée révolutionnaire, rien de durable ne peut résulter d'une telle transaction ?

Car la République, il ne faut pas se le dissimuler, est une concession faite à l'idée révolutionnaire. Quelle est, en effet, l'origine de la République en France? Quels sont ses principes? Quels sont les hommes qui la soutiennent?

Il est à peine besoin de le dire, la République est fille de la Révolution. Lorsque la Révolution eut acquis assez de force pour se mettre à l'œuvre, elle enfanta la République. Elle en avait besoin, mais aussi elle n'eut pas à désirer son concours. L'échafaud de Louis XVI fut son berceau, la guillotine son hochet favori , la Terreur son éducation , et les principes de 89 devaient rester le symbole de sa croyance et la règle de ses actions.

Ce sont les principes de 89 qui sont ses principes, et nul n'ignore que ce sont aussi les principes de la Révolution. Aussi existe-t-il entre l'idée républicaine et l'idée révolutionnaire une concordance parfaite. Elles s'appellent réciproquement, et ne vont jamais guère l'une sans l'autre. C'est la Révotion, c'est le parti de la Révolution qui réclame en faveur de l'institution républicaine. Tout ce qui revêt un caractère anti-religieux, tout ce qui revêt un caractère anti-social, tout cela appartient de droit au parti de la République. C'est la République que l'on prend pour prétexte quand il s'agit d'attaquer la Religion et la Société. C'est toujours au nom de la République que se sont commis les crimes révolutionnaires, depuis la Commune de 1793 jusqu'à la Commune de 1871.

Quels sont, enfin, les hommes qui émettent les doctrines républicaines et qui en tirent les conséquences logiques ? En d'autres termes, quels hommes trouve-t-on dans les rangs du parti républicain? Des hommes déclassés, des hommes séduits , des hommes ambitieux , et , je me hâte de l'ajouter, des hommes de bonne foi. Les premiers, par suite de leurs instincts dépravés, n'aspirent qu'au désordre, et trouvent dans la République un champ libre ouvert à leurs égarements. Les seconds, par suite

des fausses maximes dont ils sont imbus , sont généralement leurs complices involontaires , et souvent leurs victimes déplorables. Les troisièmes ne
voient dans l'institution républicaine qu'un piédes-
tal, et tentent de s'y dresser par tous les moyens
possibles.

La question est plus délicate , quand elle a pour
objet les républicains de bonne foi. Ces derniers ,
s'ils embrassent la République, c'est qu'ils croient
à son excellence , c'est qu'ils croient à la sublimité
des principes de 89 , c'est que , tout en réprouvant
les excès de la Révolution , ils restent entichés de
son esprit. Ils pensent que la Monarchie a fait son
temps, et que la République est le gouvernement
de l'avenir ; ils sont émerveillés des progrès de tout
genre dont leur siècle se montre si prodigue , et ils
estiment que la République est un gouvernement de
progrès. Ils s'enthousiasment des mots pompeux de
liberté et de *fraternité* , et ils se figurent que la République , au moyen de ces mots magiques , leur
découvrira toutes les retraites de la félicité.

Ils disent , avec un des leurs , le marquis de
Noailles :

« Un pays où règnent des compétitions , où des
partis également puissants ont chacun leur religion
dynastique, leur prétendant, et élèvent autel contre
autel , a cessé d'être un pays monarchique. C'est
la maison divisée contre elle-même dont parle l'E-
vangile et qui doit fatalement périr. » Ils ajoutent

que « l'expérience, c'est-à-dire l'analyse du passé,
nous conduit à la même conclusion, et prouve, d'une
manière évidente, que le pays a cessé d'être monarchique. » Mais ils se gardent bien de croire que,
dans le parti républicain, il y a des compétiteurs,
et « que, comme le dit M. Prévost-Paradol, la rivalité des ambitieux et les troubles qui en dérivent
vont plus loin sous la République que sous la Monarchie constitutionnelle, et conduisent ordinaire-
ment les hommes à des extrémités plus violen-
tes (1). » Ils se gardent bien de croire aussi que, si
nul gouvernement monarchique, « depuis que le
roi de France est monté sur l'échafaud, » ne peut
s'établir en France, l'on peut en dire autant de l'institution républicaine. Mais ils se rassurent sur ce
que « l'épreuve de 1848 a été si courte qu'elle peut
à peine compter. Quant à la première République,
elle a fait, sur ce pays, une impression si profonde,
qu'elle en a complétement changé l'esprit, que toutes
nos idées politiques, nos principes, nos institutions
viennent d'elle, et nous ne vivons, depuis plus de
soixante ans, que de la vie nouvelle qu'elle nous a
faite. » D'où ils concluent que le seul gouvernement
possible et légal est celui de ce parti tracassier qui a
renversé tant de traditions respectables et semé tant
de nouveautés dangereuses, et qui, de renversements en renversements, finit par tomber lui-

____

(1) La *France nouvelle.*

même dans la dissolution. Ils évoquent, enfin, je ne sais quelle ombre d'ancien régime et de hiérarchie sociale dont ils font les rouages essentiels de la Monarchie, et la comparaison qu'ils font de ce système avec la République ne leur laisse aucun doute sur la supériorité d'un gouvernement qui se résume dans des formules admirables, telles que *le gouvernement du pays par le pays,* ou bien *le gouvernement de tous par tous.*

Ces républicains sincères sont maintenant au pouvoir. Ils se flattent de ce qu'ils sont enfin parvenus à établir, d'une manière sérieuse, leur système de prédilection, et de ce qu'ils ont amené des hommes *qui n'y croyaient pas* à en faire un essai loyal. Ils ont raison, jusqu'à un certain point, de se féliciter de ce que leur gouvernement s'exerce sans le secours de ces incidents qui lui sont si naturels, et dont ils s'efforcent de prévenir le retour. Mais ils ont peut-être tort de se fier trop promptement à un calme apparent et à une prospérité seulement relative. Ils devraient étendre un peu leurs regards sur l'avenir, et considérer s'il ne porte pas dans ses profondeurs quelque germe d'inquiétude. Un homme mal appuyé peut rester quelque temps debout, mais il ne faut parfois qu'une faible secousse pour lui prouver d'une manière évidente son instabilité. Il en est de même d'un système élevé sur des bases fragiles. Un gouvernement qui ne tient pour ainsi dire qu'à la surface du pays ne peut avoir la solidité de celui qui tient à ses entrailles mêmes. L'on a dit que *le roi ne meurt pas en France*, mais l'on ne peut en dire autant du président. Si la République de M. Thiers se maintient loyale et respectée, que l'on considère le dénouement de la situation amenée tôt ou tard par la mort de l'éminent président : se trouvera-t-il un homme capable de continuer son œuvre et de maintenir, avec la même vigueur, l'ordre de choses établi? Il est permis d'en douter. Quoi qu'il en soit, il est inévitable que la mort ou l'abdication des présidents amène quelque crise, surtout dans un peuple tel que le peuple français. Le principe d'hérédité n'étant pas là pour neutraliser l'effet des intrigues, inévitables dans un tel cas, il n'est pas téméraire de soutenir que l'ordre sera soumis à de rudes épreuves.

La République, inaugurée par M. Thiers, ne fera pas exception aux gouvernements issus de la Révolution. Ces gouvernements, qu'ils s'appellent République une et indivisible, Empire ou Royauté élective et constitutionnelle, sont tous les mêmes. Ils ont tous la même origine : la Révolution; tous la même politique : les principes de 89 ; tous les mêmes conséquences : l'affaiblissement de la France. Tous sont des gouvernements illégitimes, et, par conséquent, ne peuvent se promettre une durée illimitée, et leur chute est plus ou moins prochaine, suivant que la fausseté des principes sur

lesquels ils s'appuient est plus ou moins prononcée. Un gouvernement de fait, pour emprunter
les expressions du marquis de Noailles , pourra
régner quelque temps ; « les autres partis le
porteront , si les circonstances l'aident à se soutenir ; mais le premier coup de vent le jettera à
bas de son trône , et il tombera comme l'arbre qui
n'a pas fait racine. » C'est ce que l'on peut remarquer dans tous les gouvernements , monarchiques
ou républicains, que la Révolution enfante , mais
qu'elle se réserve de dévorer.

VIII

Pas plus que la République , les formes monarchiques du gouvernement de la Révolution ne
peuvent convenir à la France. Pas plus que la
République, elles ne sont conformes à sa véritable
constitution , et, par conséquent, ne peuvent correspondre à ses besoins et à ses intérêts. Pas plus
que la République enfin, elles n'ont aucun droit de
s'établir en France, et ne doivent avoir aucun espoir
de s'y maintenir. Tout ce qui se dit de la République peut donc s'appliquer à ces gouvernements
qui n'en diffèrent que pour la forme.

Mais, dira-t-on, le souverain, une fois élu, devient
une tige monarchique, et l'hérédité devient alors

le privilége de ses successeurs. Telles ont été réellement la monarchie impériale et la monarchie de Juillet. Napoléon Ier montrait à l'avenir un Napoléon II, et Napoléon III nous montre un Napoléon IV. Louis-Philippe avait aussi désigné son successeur. Mais alors, puisque la monarchie de droit populaire acquiert le caractère du droit divin, pourquoi le peuple s'obstinerait-il à repousser les représentants légitimes de cette espèce de monarchie ? Est-ce parce qu'ils ont de grands exemples à imiter et une glorieuse tradition à continuer qu'on leur préfère des hommes qui n'ont aucun titre dans le passé, et qui ne cherchent qu'à s'assurer la jouissance de l'avenir? Est-ce parce qu'ils sentent couler dans leurs veines le sang de saint Louis, qu'on leur préfère le fils du citoyen Egalité? C'est possible, et la logique révolutionnaire le veut ainsi. Mais si l'on veut se livrer au courant de la Révolution, il serait bien plus logique de suivre un système exclusivement démocratique que de chercher à concilier des principes inconciliables par essence.

Tel a été, en effet, le but des conservateurs libéraux, depuis la transformation opérée dans les idées par la Révolution française. Par suite de l'instinct de conservation qui les dirige, ils se détournent du système républicain d'où ils voient découler tous les excès révolutionnaires; mais, par suite des préjugés que nourrissent en eux les idées *libérales,* ils hésitent à se tourner entièrement vers le système monarchique qu'ils jugent ouvrir la porte à toutes les exigences du despotisme. Ils cherchent un moyen terme qui puisse satisfaire en même temps leur besoin de sécurité et leur passion pour la liberté. Ce moyen terme, ils croient pouvoir se le procurer par l'incarnation des principes de la Révolution dans le système monarchique, c'est-à-dire par l'élévation au pouvoir souverain d'un homme de la Révolution. De cette manière, l'élu de la démocratie, appuyé sur une constitution de droit nouveau, sera forcé de satisfaire les légitimes aspirations de ses sujets, tandis que le soin de sa conservation lui fera un devoir de résister aux aspirations qui pourrait compromettre leur sécurité. La solution de ce problème, c'est le régime impérial des Bonaparte, c'est le régime royal de la branche d'Orléans, c'est la monarchie élective, « c'est le système politique le plus funeste, » comme l'appelle le marquis de Noailles.

Les gouvernements électifs, du moment qu'ils se basent sur les principes de la Révolution, ne sont pas conformes à la véritable constitution française, et ne peuvent, par conséquent, correspondre à ses besoins et à ses intérêts. Reposant sur des principes faux et, par conséquent, sur des bases instables, on les voit, dans la recherche d'un centre de gravité, osciller perpétuellement entre des expédients contraires, qui ne leur permettent pas d'assurer leur équilibre. Rien n'est, en effet, plus difficile pour eux que de se prêter à toutes les fantaisies populaires, à qui, cependant, ils doivent tout, et de conserver en même temps l'exercice du pouvoir suprême, de manière à ce que leur condescendance ne dégénère pas en abdication. On comprend que, chez ces hommes-là, les intérêts dynastiques passent avant les intérêts nationaux ; aussi il n'est pas difficile d'évaluer les services qu'ils rendent au pays. On sait à quoi ont abouti les quinze années de guerres continuelles qui marquent la durée du premier Empire : il est parti du 18 brumaire pour s'arrêter à Waterloo et à une double invasion européenne. On sait pareillement à quoi ont abouti les vingt années qui marquent la durée du nouvel Empire, de cet Empire qui s'est appelé *la Paix*, et qui est parti du 2 décembre pour s'arrêter à Sedan et à une seule invasion prussienne, mais qui valait bien les deux autres. Quant à la monarchie qui surgit des barricades de Juillet et qui, dix-huit ans après, s'engloutit dans celles de Février, on pourrait savoir qu'elle a perdu la Belgique, car c'est perdre que refuser.

« En 1830, dit M. Garnier, la Belgique manifesta le désir de devenir française. En acceptant cette union, moins périlleuse qu'on ne feignait de le croire, on enlevait à nos ennemis le pied à terre qu'ils s'étaient réservé aux portes de Paris. La Belgique, repoussée dans ses sympathies, demanda

un roi qui eût du sang français dans les veines , et
offrit la couronne au duc de Nemours ou au fils
d'Eugène de Beauharnais. Le gouvernement de
Juillet n'osa pas même laisser placer un Français
sur le trône de Belgique. Il envoya à Bruxelles un
représentant qui avait déjà figuré dans la députation de libéraux qu'on vit, à Haguenau, mendier
auprès des rois pour obtenir un souverain, même
étranger, pourvu qu'il ne fût pas de la maison de
France. Ce représentant était le général Sebastiani.
Sebastiani déclara que, l'Angleterre s'opposant à
l'une et à l'autre des candidatures du duc de
Nemours et du prince de Leuchtenberg, Louis-
Philippe se croyait obligé de s'y opposer également.
Quelque temps après, une députation, venue à
Paris sur une fausse espérance, éprouva un nouveau refus. Dès lors, l'occasion a peut-être été
perdue pour jamais de recouvrer la Belgique (1). »

J'ai ajouté que ces gouvernements n'ont aucun
droit de s'établir en France, et qu'ils ne doivent
avoir aucun espoir de s'y maintenir. Et cela, par
suite des mêmes principes d'instabilité qui dirigent
les relations existant entre les princes et les sujets.
Les gouvernements de fait ne peuvent s'assurer la
stabilité qu'en fixant le principe d'hérédité dans
leur famille. Mais ce principe est incompatible
avec le nouveau droit populaire qui se réserve de

____

(1) *Qui a fait la France ?*

peser sur les destinées du gouvernement. De sorte que le système d'oscillation que doit nécessairement suivre le dépositaire du pouvoir finira tôt ou tard par lui être funeste. Et l'on peut prévoir qu'un moment viendra où, les circonstances cessant de le soutenir, un coup de vent le renversera *comme un arbre qui n'a pas fait racine.*

L'on peut objecter ici que les gouvernements légitimes peuvent bien aussi être emportés par un débordement révolutionnaire, et que Louis XVIII et Charles X ont été tout aussi bien renversés que Louis-Philippe et les Bonaparte. Cela est très vrai, et un gouvernement quelconque ne peut subsister sans l'assentiment du peuple. Mais il s'agit de savoir si la cause qui doit amener la chute est inhérente au système gouvernemental ou si elle provient du dehors, si le système lui-même favorise cette cause ou s'il la contrarie. Or, c'est là en quoi consiste la différence des gouvernements de fait et des gouvernements de droit. Ces derniers (j'entends ceux qui se montrent fidèles à leur devoir) tombent parce qu'ils s'opposent au mouvement dévastateur, tandis que les autres tombent parce que, sous prétexte de le diriger, ils se laissent entraîner à toutes ses conséquences. Ils peuvent, à la vérité, aller contre le courant populaire, mais alors ils altèrent le caractère de leur pouvoir, c'est-à-dire qu'ils aspirent à une contrefaçon du droit divin, et ne font que prouver par cela même la nécessité du pouvoir légitime dont ils usurpent les attributions.

Ainsi les gouvernements issus de la Révolution portent en eux-mêmes le principe de leur chute. S'ils se livrent au courant, le fait est certain ; s'ils lui résistent, le fait est probable. Voyez la manière dont se sont produites les révolutions. Elles ont toujours eu de petits commencements, comme le torrent, comme l'avalanche. D'abord, c'est un simple article de nouveauté qui excite la curiosité des uns et le sourire des autres. Peu à peu cependant, la source devient ruisseau et bientôt fleuve dévastateur, et la boule de neige ne tarde pas à devenir capable de dévaster des régions entières.

Je ne parle pas du premier Empire, dont la vie était la guerre et qui aurait eu de la peine à rester en paix. Mais Louis-Philippe, qui avouait ne tenir ses droits que des Français, quoi qu'il n'ait pas été réduit à recourir à des expédients plébiscitaires, ne pouvait guère se promettre la stabilité. Les insurrections qui éclatèrent contre lui, en 1832, en 1834 et en 1839, étaient les conséquences logiques de ses principes, et l'émeute de 1848 ne fit que lui enlever les droits qu'il avait reçus, dans l'émeute de 1830, de quelques usurpateurs.

Il en est de même du troisième Empire. La chute de cet Empire, du moment que son point de départ était faux, et qu'il glissait sur une pente fatale, était facile à prévoir quant au fait, incertaine seulement quant à l'échéance. Par la raison qu'il était une réaction contre de mauvaises passions, et que d'ail-

leurs sa conduite était déterminée par l'intérêt· de
sa conservation, ses commencements furent assez
plausibles. Mais aussi par la raison qu'il s'appuyait
sur des principes d'une solidité douteuse, on pouvait déjà voir se former au dessus de sa tête ıa
goutte d'eau qui devait être un torrent, ɔt lɩ 'ɔule
de neige qui devait être une avalanche.

Ce ne sont pas les Prussiens qui ont renversé
l'Empire , c'est la Commune. La Commune se for-
mait en même temps que l'Empire se fortifiait , et
ces deux systèmes, s'appuyant sur des principes qui
n'étaient pas essentiellement opposés , la volonté
du peuple , on pouvait bien prévoir que l'Empire
devrait céder, lorsque, par sa faute, ou au contraire
par sa fermeté , cette volonté lui ferait défaut.

Le pouvoir absolu que l'empereur exerçait primitivement sans contestation devait aller se modé-
rant à mesure que la volonté du peuple s'y montrait
contraire. Dès les premiers temps , en effet , les
représentants, chargés par le peuple de contrôler
les faits et gestes du gouvernement , n'osaient for-
muler que leur assentiment à la politique du souverain. A peine se trouvait-il dans la Chambre quelques membres de l'opposition, timidement républicains et députés de Paris , et M. Thiers , qui
commençait à réclamer les *libertés nécessaires*. Peu
à peu cependant des idées libérales se propageaient,
et, à chaque renouvellement de l'Assemblée législative , l'opposition voyait s'élargir le cercle de ses

représentants, tellement bien qu'aux derniers tours
de scrutin , Paris avait fait sortir de l'urne électo-
rale , entre autres noms de couleur identique , le
nom du pamphlétaire Rochefort.

' C'est que l'Empire , de concessions en concessions, finit par laisser apercevoir le défaut de sa
obligé de modérer l'absolutisme de son
absolutisme centralisateur qui faisait
, il voyait toutes les libertés concé-
rner contre lui. Et plus d'une de ces
çait de dégénérer en licence. Déjà les
réunions publiques ne se gênaient pas trop pour
débiter des vérités désagréables ; mais qu'on tolérait, et des faussetés plus désagréables encore ,
mais qu'on tolérait également. Déjà aussi les journaux le plus en vogue s'appelaient le *Rappel*, le
Réveil, la *Marseillaise*, sans oublier toutefois la
Lanterne de Rochefort.

Ainsi l'impatience générale du système autori-
taire, les élucubrations fantastiques des clubs pari-
siens, le succès toujours croissant des feuilles radi-
cales., les manifestations tumultueuses, organisées
au premier prétexte, comme la souscription Baudin
et le convoi de Victor Noir , les attaques obstinées
d'un parti toujours croissant dans la Chambre des
députés ; par delà encore des grèves commencées
et terminées parfois avec effusion de sang , et, par
dessus tout, enfin, les menaces et les complots de
l'*Internationale* : tout dénotait que le torrent était

passablement enflé, et que l'avalanche avait acquis de sérieuses proportions.

Ce fut en ce moment que l'empereur constitua, comme une dernière planche de salut, le ministère Ollivier, qui devait inaugurer le vrai système de gouvernement parlementaire, et qui dirigea les opérations du fameux plébiscite du 8 mai. Ce plébiscite, dont un avenir prochain devait démontrer le peu de consistance, réussit à merveille, et subsistera toujours comme une éloquente démonstration de l'absurdité du suffrage universel.

L'empereur ne [se méprit pas sur l'importance de cet acte. La guerre qu'il déclara à la Prusse, dans l'intérêt de sa dynastie, ne tarda pas à le prouver. L'Empire avait besoin de se consolider, et de justifier par un succès éclatant la confiance de ses sujets. Mais ses ennemis ne subsistaient pas moins, et l'on n'attendait rien moins que le moment et le signal d'une révolution. Ce signal, l'empereur le donna lui-même à Sédan, et l'on vit éclater le 4 septembre. Il est donc vrai de dire que ce fut l'opposition, ou, pour parler plus nettement, Paris, qui renversa l'Empire et l'empereur. Car si l'empereur pouvait subir un revers, le principe impérial n'en devait pas être nécessairement compromis. Napoléon III se trouvait dans la même position que François Ier, avec la différence que tout était perdu, même l'honneur. C'était donc au système impérial qu'en voulait la démocratie, et Sédan ne fut qu'une occasion. Les hommes du 4 septembre, soit les meneurs, soit les masses, n'étaient autres que les hommes des réunions publiques et de toutes les manifestations anti-impériales.

L'élan révolutionnaire, qui avait pris naissance aux beaux jours de l'Empire, devait acquérir une célérité toujours croissante avec des hommes qui ne cherchaient qu'à le favoriser. Dès ce moment, en effet, les anciens conspirateurs et les affiliés de l'Internationale purent impunément se donner rendez-vous sur le sol français, et il n'était pas difficile de prévoir que, les besoins de la défense nationale ayant disparu, les passions feraient une horrible explosion. La manifestation du 31 octobre, pendant même le siége de Paris, n'était que le premier acte du drame communard. Les élections qui eurent lieu pendant l'armistice envoyèrent à Bordeaux, de la part de Paris surtout, un certain nombre de députés, dont Rochefort n'était pas le plus radical. L'esprit révolutionnaire était donc en voie de progrès, tellement bien que, à cause de l'esprit conservateur général dans l'Assemblée nationale, la plupart de ces députés démissionnèrent pour aller prendre part au mouvement.

La Commune a été vaincue, il est vrai, et même vaincue par les troupes de la République. Elle a été vaincue, mais non défaite ; elle existe encore, sinon dans les faits, du moins dans les idées, et le parti de l'ordre ne pourra jamais se flatter d'une victoire décisive, avant de s'être assuré de l'extinction complète de l'Internationale et de la Révolution.

De ces considérations sur les gouvernements issus de la Révolution, il ressort que nul d'entre eux, qu'il soit monarchique ou républicain, n'a été favorable à la France, et ne pouvait même pas, d'après ses principes, lui être favorable. On les a tolérés cependant, les uns par force, les autres par impuissance et découragement, les autres enfin par préjugé contre le gouvernement légitime. On a cherché, dans l'essai de divers régimes, une trève au malaise général entretenu par la Révolution, et l'on a été constamment balloté d'une révolution dans une autre, sans parvenir à aucun résultat satisfaisant. Le remède cependant est unique et bien simple : c'est de briser définitivement avec les principes et les hommes de la Révolution ; c'est de se pénétrer, avec l'auteur des *Considérations sur la France,* que « le rétablissement de la monarchie, qu'on appelle *contre-révolution,* ne sera point une *révolution contraire,* mais le *contraire de la révolution.* »

IX

On ne saurait trop bien saisir la signification du mot *légitimité,* quand il s'applique à un gouvernement. Le gouvernement *légitime* est celui qui a droit à être seul le gouvernement du pays, celui par conséquent qui lui est le plus naturel et qui doit lui être le plus inviolable. Si, de plus, ce gouvernement est le seul qui lui ait donné sa gloire et sa prospérité, s'il est même le seul qui ait pu cicatriser les plaies que lui ont laissé infliger des gouvernements de fait et illégitimes, on ne peut concevoir quels motifs peut avoir ce pays de renoncer à un tel gouvernement. Or, la Maison de France est la seule qui puisse renfermer toutes les conditions qui rendent un gouvernement légitime. Ce gouvernement est parfaitement en rapport avec la constitution naturelle de la France, et il a prouvé l'excellence de son institution par le bien qu'il a su lui faire, et par le mal qu'il a pu lui réparer.

« La Maison de France, dit M. Garnier, indissolublement unie à la nation, a traversé les âges accomplissant les gestes de Dieu ; elle s'est étendue dans l'Europe et jusque dans le Nouveau Monde, étendant la France elle-même. La Maison de France a pris le pas sur toutes les Maisons souveraines ; elle a fait reconnaître sa primauté, ses droits de préséance sur les monarques étrangers jusque dans leurs propres capitales, et il est incontestable qu'il n'y eut jamais de plus illustre race. La nationalité française est l'ouvrage et la gloire de la Maison de France ; mais la France doit aussi considérer la Maison de ses anciens rois

comme sa première gloire, comme sa propriété
la plus précieuse. Ces deux gloires sont insépa-
rables » (1).

J'ai cité le témoignage de de Bonald qui s'appuie
sur le caractère des Français pour démontrer leur
incompatibilité avec le système républicain. Un
écrivain d'une école toute différente s'appuie sur
ce même caractère pour conclure à la nécessité du
système monarchique.

« Le lendemain de l'établissement de la République, dit M. Renan, les intérêts monarchiques se
montreront formidables, même dans l'esprit de
ceux qui auront fait ou laissé faire la République...
C'est que les intérêts les plus pressants de la
France, son esprit, ses qualités et ses défauts, lui
font de la monarchie un besoin... On ne compre-
nait pas en 92 que la continuité des bonnes choses
doit être gardée par la continuité des institutions ;
que ce qui est un privilége pour quelques uns
constitue, pour tous, les organes de la vie sociale...
A toute nationalité correspond une dynastie en
laquelle s'incarnent le génie et les intérêts de la
nation. Une conscience nationale n'est fixe et
ferme que quand elle a contracté un mariage
indissoluble avec une famille qui s'engage, par
contrat, à n'avoir aucun intérêt distinct de celui
de la nation. Jamais cette identification ne fut

(1) *Qui a fait la France ?*

aussi parfaite qu'entre la Maison de Capet et la France » (1).

C'est donc l'union intime de la France et de ses souverains qui a fait sa force et sa gloire. Cette union si durable était par cela même profondément nationale et essentiellement inhérente au caractère, à l'âme du peuple français. L'excellence de cette union est surtout démontrée par l'heureuse fécondité de ses résultats. Par suite des conquêtes ou de l'habile diplomatie de ses rois, la France a vu se grouper successivement, autour de l'Ile-de-France, de l'Orléanais et de la Picardie, qui étaient le domaine de la race de Robert le Fort, et qui formaient comme le noyau de la patrie française, trente-six belles provinces, dont l'homogénéité, sagement préparée et soigneusement conservée, devait constituer *le plus beau royaume, après celui du ciel* (2).

Ce magnifique travail d'agrandissement territorial et de perfectionnement intérieur ne fut inter-

(1) *La Monarchie constitutionnelle.* La satire la plus virulente peut-être qui ait été lancée contre le pouvoir tyrannique, que l'auteur confond généralement avec le pouvoir royal, le *Discours sur la servitude volontaire* de Boétie, ne peut s'empêcher de faire une exception en faveur de « roys si bons en la paix, si vaillants en la guerre, que, encores qu'ils nayssent rois, sembleil qu'ils ont esté non pas faicts comme les aultres par la nature, mais choisis par le Dieu tout-puissant, devant que naystre, pour le gouvernement et la garde de ce royaume. »

(2) Grotius. *Epist. ad Ludovicum,* XIII.

rompu que par l'irruption révolutionnaire, qui , au lieu de conquérir d'une manière permanente , se contenta, pendant une période de près de trente ans , de bouleverser la France et l'Europe , sans amener aucun résultat. Je me trompe , à la suite de toutes les conquêtes de la Révolution et de l'Empire , quelques parcelles de territoire furent détachées de la France , et l'on sait quel fut l'obstacle qui s'opposa à un plus funeste démembrement. On sait qu'après l'invasion de 1815 , le démembrement de la France ne fut empêché que par la fermeté de nos rois.

« Les plans de partage étaient déjà tracés , dit M. Garnier, et, en 1818 , au congrès d'Aix-la-Chapelle , l'empereur de Russie remit au duc de Richelieu une carte où étaient dessinées les nouvelles frontières qu'on avait voulu nous imposer : Lille , *Metz* et *Strasbourg* auraient dû nous être enlevées avec deux lieues en deçà , depuis la Flandre jusqu'à l'Alsace ; les départements du Nord, des Ardennes, de la Meuse , de la Moselle, du Bas-Rhin, auraient été déchirés en faveur de l'Allemagne. Si ces projets n'eurent pas de suite , ce fut grâce à l'attitude énergique de Louis XVIII, et la justice demande que nous tenions compte de cette fermeté, comme d'une conquête , au gouvernement des Bourbons (1). »

(1) *Qui a fait la France ?* On sait que le plan a été partiellement exécuté quand il n'y a pas eu de

La tradition de l'ancienne monarchie fut donc reprise par le gouvernement de la Restauration. L'on était sur le point d'ajouter à la France la Belgique et les provinces rhénanes , lorsque la Révolution de 1830 vint faire échouer tous ces projets , et nous avons vu que le gouvernement de Juillet avait renoncé à l'annexion de la Belgique. Pendant ce temps, cependant, la duchesse de Berry, « proscrite , errante , poursuivie par une armée , vendue par la trahison , s'occupait encore de ces limites du Rhin, que la Restauration devait nous rendre au moment de sa catastrophe (1). »

Les descendants de nos rois durent prendre la route de l'exil au moment où ils préparaient de si grandes choses. Ils ne quittèrent pourtant pas le territoire sans lui laisser un souvenir digne d'eux : ce souvenir , ce dernier présent fut l'*Algérie*.

Mais j'ai dit que la Maison de France avait aussi réparé les maux causés par les gouvernements illégitimes. Ces paroles ne peuvent s'entendre que du gouvernement de la Restauration , les gouvernements précédents n'ayant pas eu l'occasion d'opérer cette œuvre de régénération.

Louis XVIII pour l'empêcher. Cependant, des paroles d'espoir ont été prononcées , et une proclamation , datée de Chambord, a dit aux Français: « Vos pères, conduits par les miens , ont conquis cette Alsace et cette Lorraine dont la fidélité sera la consolation de nos malheurs.

(1) Charles Garnier. *Qui a fait la France ?*

Trois fois , depuis le déchaînement de la tourmente révolutionnaire , les invasions ou provocations impériales ont attiré sur la France de terribles représailles, et ont fait dépendre le sort de ce beau pays du bon vouloir de nombreux ennemis coalisés. Deux fois l'invasion étrangère a ramené dans ses flots , pour réparer les dommages qu'ils avaient causés , les représentants de l'autorité légitime , et une fois elle n'y a laissé que la dévastation , l'épuisement , et , comme gage de rénovation , le gouvernement de la République. De même que la réaction contre le système républicain a été le gouvernement impérial, de même deux fois la réaction contre le gouvernement impérial a été la restauration du gouvernement légitime. Mais de même que la réaction anti-républicaine a été deux fois funeste à la France, de même la réaction anti-impériale a été deux fois heureuse pour elle.

Je dis que cette réaction fut un grand bonheur pour la France. Je n'ignore pas le sentiment de répulsion qu'on attache à ce mot ; mais peu importe de s'attirer le surnom de réactionnaires et de rétrogrades , quand on réagit contre des excès , et quand , à force de rétrograder , on peut parvenir jusqu'aux jours les plus fortunés de la patrie.

Ce fut donc une ère d'espoir et de bonheur qui s'ouvrit pour la France, lorsque cette grande et malheureuse nation , affaiblie et mutilée par plus de vingt années d'agitations convulsives , les bras meurtris de fers imposés par un pouvoir oppressif ou anarchique , le front couvert de boue par une législation impie et obscène, le corps entier labouré par le glaive et ruisselant de son meilleur sang , ne cessant d'être en butte aux coups de ses propres enfants que pour s'affaisser sous le poids d'une coalition européenne , put voir enfin , à travers son voile de deuil , luire l'astre de l'espoir , et apparaître un gouvernement qui promettait de dissiper tous ses troubles , de fermer la porte aux causes de sa désolation , de réparer les dommages opérés par tant de folies et de débordements, et de ramener une image de l'époque où elle vivait glorieuse et prospère sous le sceptre paternel de ses véritables pasteurs.

De grandes manifestations de joie éclatèrent dans tous les rangs de la société ; un enthousiasme indescriptible débordait de tous les cœurs. On respirait enfin à l'aise ; on avait la paix avec l'Europe , on avait surtout la paix avec la France. C'était une trève aux menées cruelles de la Révolution. Tout se ressentit de cette heureuse et féconde influence de la Restauration. Les lettres et les arts atteignaient un degré de prospérité qui rappelait les jours les plus brillants du siècle de Louis XIV. La littérature même avait plus de propension à être une véritable littérature nationale. Le commerce et l'industrie reprenaient un essor et une extension considérables. La prospérité matérielle s'augmentait

par la conquête de l'Algérie. La France, en un mot,
relevait fièrement la tête en présence de l'Europe
qui l'avait si profondément humiliée.   .

Je ne parle pas des bras, alors conservés à l'agri-
culture ou à l'industrie, et qui, maintenant , sont
menacés d'être exclusivement réservés au manie-
ment des armes : c'est une triste nécessité des
temps, dont les gouvernements ne sont pas respon-
sables. Mais, en présence des taxes et surtaxes de
tout genre qui nous frappent , il n'est pas sans intérêt de jeter un coup d'œil sur la question finan-
cière, et surtout sur l'impôt, bilan le plus incontestable de la prospérité d'un peuple et d'un gouvernement. Et, à ce sujet , je me contente de
reproduire un lumineux article, publié, il y a quelque temps, par le *Messager de Paris* :

« La situation que nous allons exposer n'est pas
le produit d'un effet d'imagination ; elle a toute la
brutalité et aussi toute l'éloquence des chiffres. Un
simple coup d'œil, jeté sur la marche des budgets
depuis 1814 , nous en convaincra facilement.

» A ce moment-là , c'est-à-dire quand la Restauration a succédé à l'Empire, les impôts annuels de
toute nature s'élevaient à 990 millions de francs.
Quinze ans plus tard , au lendemain de la Révolution de 1830, ils avaient augmenté de 230 millions :
ils atteignaient le chiffre de 1,220 millions. Pendant
les dix-huit ans que dura la Monarchie de Juillet, la
progression fut à peu près la même : 300 millions

s'ajoutèrent aux contributions et portèrent le budget à 1 milliard et demi. La République de 1848 arriva escortée de toutes ses difficultés et de toutes ses exigences. Quatre ans lui suffirent pour augmenter encore de 350 millions le total des recettes. Enfin, l'Empire, après neuf ans , avait trouvé le moyen de pousser le budget jusqu'à 2 milliards 50 millions, à 550 millions de plus que celui de la République, *à 1 milliard de plus que celui de la Restauration.*

» Ces accroissements successifs n'ont pu être obtenus , cela va sans dire , qu'en demandant à la population des contributions de plus en plus considérables. En tenant compte des accroissements que cette population a elle-même éprouvés , on trouve que chaque habitant a payé annuellement au Trésor :

  » 1º Pendant la Restauration , 32 francs ;

  » 2º Pendant la Monarchie de Juillet, 36 francs ;

  » 3º Pendant la République , 42 francs ;

  » 4º Sous l'Empire , 55 francs.

  » La progression peut sembler suffisante ; elle n'est malheureusement pas près de toucher à sa fin. Mais ce sera justice d'en reporter les effets au bilan de l'Empire , qui nous a si imprudemment jetés dans la triste aventure où le reste de nos finances menace de s'engloutir.

  » Somme toute , la réunion des déficits accumulés depuis un demi-siècle , par suite de l'excédant des dépenses sur les recettes, s'élevait, au commencement de 1870, à 1,922 millions de francs. Il y faut ajouter le capital des emprunts contractés, pendant la même période , pour suppléer à l'insuffisance des ressources ordinaires du budget. Les sommes empruntées ne représentent, en effet, que des recettes fictives, puisqu'elles augmentent d'autant l'importance de la dette consolidée , et qu'en définitive , le Trésor ne fait que changer de créanciers.

» Eh bien ! la progression est encore plus significative sur ce point.

» Chose singulière , cependant ! *la Restauration a annulé autant de rentes qu'elle en a émises. De son temps, la dette consolidée ne s'est donc point accrue.* Mais les gouvernements postérieurs n'ont pas suivi cet exemple. La Monarchie de Juillet a créé des rentes pour un capital de 616 millions. L'Empire les a tous laissés fort en arrière. De 1851 à 1869 , il avait emprunté, sous cette forme, 3 milliards 353 millions. Ces dettes successives forment ensemble un chiffre de 4 milliards 385 millions, qui , ajoutés aux déficits ordinaires de 1,222 millions , donnent, pour le solde passif des gouvernements de la France , pendant trente-sept ans , la somme énorme de 6 milliards 307 millions. On a beau être riche , on ne supporte pas aisément les conséquences d'une pareille situation. Que sera-ce quand il faudra ajouter à ces déficits les désastres incalculables de la guerre ?

» On a pu voir que chaque gouvernement n'a pas une part égale de responsabilité dans ce triste bilan. *C'est la Restauration qui a le moins coûté à la France.* Voici, d'ailleurs, ce que chacun d'eux a absorbé en moyenne par année :

» La Restauration, 1,034 millions ;

» La monarchie de Juillet, 1,250 ;

» La République, 1,602 ;

» Et l'Empire, 2,320 ;

» Quant à la troisième République !!! »

Mais ici une forte objection trouve sa place. Comment, peut-on dire, un gouvernement si propice au bonheur de la France a-t-il pu déplaire aux Français ? Comment ce gouvernement si légitime et si fort a-t-il pu tomber ?

Ah ! demandez à la Révolution ! Demandez à ce feu dévorant couvert de cendres, qui n'attendait qu'un souffle pour faire briller ses sinistres lueurs ! Demandez à ce vent de destruction qui, semblable aux enfants de l'Eole de la fable, n'attendait qu'une main pour rompre les outres qui le contenaient ! Demandez à ce volcan dont les laves n'étaient point encore refroidies ! Demandez à cet océan qui n'avait pas cessé de gronder sur quelque point ! Interrogez, interrogez ce monstre fatigué de tant d'excès, et bien de secrets vous seront dévoilés par ses cyniques aveux.

Il y avait encore en France des hommes séduits par les maximes révolutionnaires. Les bourreaux de Louis XVI n'étaient pas encore tous morts ; plusieurs guettaient une nouvelle victime, et plusieurs se dressaient sur les plus hautes marches du trône. Talleyrand et Fouché, l'un évêque apostat, l'autre, qui avait déjà mis au service de la police napoléonienne le couperet qui frappa Louis XVI, étaient devenus les favoris de Louis XVIII. Le monarque lui-même se piquait d'un peu de philosophie.

L'année 1815 aurait pu être la date de la régénération complète et définitive de la France, si les véritables intérêts de la nation avaient été consultés ; si l'on était revenu à un système de gouvernement franchement et entièrement national ; si, au lieu d'accepter la Charte bâclée par Talleyrand avec le concours de l'empereur de Russie et de Wellington, l'on s'était tenu à la véritable Constitution française, à celle qui résultait du dépouillement des cahiers de 1789 ; si, en un mot, l'on avait brisé totalement avec les hommes et les principes de la Révolution.

Mais un gouvernement, pour être légitime, n'est pas pour cela exempt des faiblesses qui forment le triste apanage de l'humanité. Exiger la perfection de leur part, ce serait exiger l'impossible, ce serait les supposer d'une nature bien supérieure à la nature humaine. Un roi, si bon et si ferme soit il, ne peut pas se soustraire entièrement à l'influence de son temps, il est toujours fatalement dominé par les circonstances. Il peut donc arriver ou que le trône soit entraîné par le courant en voulant s'y livrer, ou qu'il soit brisé en voulant lui résister. Mais cela ne détruit pas la légitimité de l'institution, puisque la comparaison entre les diverses formes de gouvernement est toute en sa faveur. Du reste, cè n'est jamais au souverain en tant qu'homme que l'on s'attache, c'est à l'homme en tant que dépo.itaire du principe de la souveraineté. Le souverain peut faillir et tomber, le principe est indéfectible, et le principe est toujours une sauvegarde pour le souverain qui sait le comprendre. Or, si le souverain est renversé, c'est qu'il s'est rendu infidèle au principe, ou bien c'est que le peuple est infidèle au souverain. Dans le premier cas, le souverain a mérité le courroux de Dieu, et ses actes appellent sa chute. Dieu a répandu sur lui

.... cet esprit de vertige et d'erreur,
De la chute des rois funeste avant-courreur.

Dans le second cas, le peuple lui-même a mérité ce courroux, et la chute de son souverain est le prélude de sa punition, et la punition d'une telle faute est souvent terrible. Shakespeare l'a fort bien dit : « Un crime fait-il disparaître la majesté royale? A la place qu'elle occupait, il se forme un gouffre effroyable, et tout ce qui l'environne s'y précipite (1). »

Mais le principe reste toujours au dessus des pas-

_____

(1) *Hamlet.*

sions humaines ; c'est le phare qui éclaire le nau-
frage des peuples , et qui les guidera vers le port
lorsqu'ils daigneront se confier à sa bienfaisante
lumière ; c'est le refuge ouvert à leurs malheurs ,
qu'ils pourront atteindre, lorsqu'ils seront convain-
cus de l'inutilité de toutes leurs tentatives , et qu'ils
chercheront leur salut dans les sentiers de la vérité. Voilà pourquoi j'envisage l'avenir avec confiance. Je suis persuadé que les Français sauront
enfin reconnaître qu'il ne peut sortir rien de
bon d'une chose essentiellement mauvaise ; je suis
persuadé qu'ils se dégoûteront de tous ces systèmes
trompeurs qui oscillent sans cesse entre l'anarchie
et le césarisme, qui les précipitent dans les catastrophes les plus effroyables, et qui ne leur laissent
de repos que dans l'épuisement. Je suis persuadé,
en un mot, que Dieu aime toujours la France , et
qu'après l'avoir punie, il daignera la sauver :
« Quand le moment sera venu, il rétablira la monarchie française , malgré ses ennemis ; il chas-
sera ces insectes bruyants, *pulveris exigui jactu ;
le roi viendra , verra et vaincra* (1). »

X

Maintenant, si l'on était suffisamment instruit
qu'il est dangereux pour les nations de se laisser

______

(1) De Maistre. *Considérations sur la France.*

entraîner par ce vent révolutionnaire qui a balayé tant d'institutions respectables et semé tant de désolantes nouveautés ; si l'on était fermement décidé à clore l'ère des révolutions stériles pour revenir aux vrais et féconds principes de la grandeur française , l'on tournerait les yeux vers un homme qui, ayant des droits incontestables au trône, fût autorisé par cela même à entreprendre la rénovation de la patrie ; vers un homme qui, pour renouer la chaîne de la gloire et de la prospérité nationales, pût ajouter aux enseignements d'un majestueux passé l'expérience d'un douloureux présent ; vers un homme , en un mot, dont l'esprit fût assez mûr pour concevoir de grandes choses , et le bras assez ferme pour les opérer.

Cet homme, est-il possible de le trouver ? Oui.

Dès les premiers jours de la Restauration , après l'apaisement apparent des passions révolutionnaires, il se trouvait encore des méchants qui aspiraient au bouleversement de la France, et qui, pour atteindre ce but criminel, conspiraient contre ceux qui avaient ramené la prospérité si longtemps exilée de la patrie. En 1820, un homme indigne de ce nom , vil émissaire de la Révolution, tenta de porter un coup décisif contre l'arbre prospère de la royauté et d'étouffer dans son germe l'espoir de la nation. Le malheureux fut trompé dans son attente, et il dut se contenter d'insrcire un crime de plus dans les fastes révolutionnaires. Le coup de poignard de

Louvel excita l'indignation de la France, et des fr..ssons de terreur parcoururent les membres des amis de l'ordre. Mais les méchants comptaient sans le *Dieu* qui *protège la France*, et les bons eurent la consolation de voir s'élever, au dessus de la tombe du duc de Berry, le berceau du duc de Bordeaux.

Aussitôt des manifestations de joie indescriptibles éclatèrent dans toute la France ; l'anxiété la plus poignante fit place, dans tous les cœurs, à la plus légitime satisfaction. Toute crainte était dissipée, et l'avenir de la patrie que le crime du 13 février avait menacé d'assombrir, l'aube du 29 septembre l'illumina des lueurs d'un invincible espoir. La poésie célébra par des accents inspirés la naissance de l'*enfant du miracle*, et l'enthousiasme de la nation fit présent à cet enfant du château royal de Chambord.

Hélas ! combien l'on a raison de dire que la joie est bien près de la douleur, et que la popularité est une mer trompeuse, sur le calme de laquelle il faut peu compter ! Il ne fut pas permis à cet enfant de répondre à tant d'espérances, et de justifier par ses actes tant d'applaudissements. Il comptait à peine dix printemps, lorsqu'il dut prendre la route de l'exil, suivi par les huées furibondes de ceux qui naguère l'avaient honoré de si enthousiastes acclamations.

En 1830 donc, lorsque éclatèrent les sanglantes

journées de Juillet, lorsque le déchaînement des passions populaires entraîna vers l'exil tout ce qu'il restait de légitime sur le trône de France, un personnage politique, du nombre de ceux qui étaient chargés de s'assurer de l'éloignement de la famille royale, adressa cet adieu au chef de cette famille : « Sire, conservez bien cet enfant précieux, sur lequel reposent les destinées de la France! » Paroles de pure politesse peut-être, mais qui devaient retentir et recevoir de l'avenir une éclatante justification.

Cet enfant, que l'on faisait instruire de si bonne heure à l'école de l'adversité, ne devait la quitter qu'après y avoir recueilli les enseignements les plus profonds, parce que chacun d'eux était gravé dans son cœur par une profonde souffrance. Mûri rapidement par le soleil de l'épreuve, il méditait sans cesse dans son esprit sur les vicissitudes humaines dont il voyait se dérouler le lugubre tableau. Il assistait au cruel spectacle de la décomposition du monde ; mais son étude la plus constante, c'était sa chère France, cette ingrate patrie qui l'avait renié, mais qu'il ne cessait pas d'aimer. La proscription n'avait pu éteindre la flamme de son amour, et cette flamme redoublait d'intensité à la vue des malheurs qui fondaient sur sa patrie, et qu'il aurait peut-être conjurés.

Il voyait l'ébranlement du trône qui portait un usurpateur, mais qui allait s'écrouler sous les coups des hommes qui l'avaient élevé dix-huit ans auparavant. Il voyait cet usurpateur cherchant un adoucissement à ses remords dans une tardive fin de non-recevoir, et laissant échapper avec son dernier soupir l'aveu des droits de sa victime (1). Il voyait les dérèglements de cette République, dont les barricades furent teintes du sang d'un généreux représentant de l'ordre, et d'un pasteur qui portait des paroles d'amour à son troupeau égaré. Il voyait la patrie, lasse de ces excès, cherchant un remède à ses maux dans un système qui avait déjà attiré sur elle une double invasion, et qui devait aboutir à une troisième, la plus cruelle de toutes. Il voyait enfin une troisième tentative de cet autre système qui réveillait de si sanglants et de si horribles souvenirs, et qui, après le départ de l'étranger vainqueur et le bombardement de la *ville de ses pères*, devait affliger son cœur du désolant spectacle de la Commune de Paris.

A chacune de ces vicissitudes, qui n'ont fait qu'entraîner un grand peuple hors de sa droite voie, et le retirer d'un bourbier pour le jeter dans un autre, il s'est montré, du haut de tout son droit et de toute son infortune, comme un gage d'espoir et de rénovation, mais il a eu la douleur de se voir méconnu. Son peuple a détourné les yeux et a continué à s'agiter dans les ténèbres. De grandes voix,

(1) « Henri V, disait Louis-Philippe mourant, doit être le chef de la famille d'Orléans. »

cependant, se sont élevées et ont fait entendre au successeur de nos rois de chaleureux appels et de touchantes prières ; mais lui a constamment répondu que le *roi* n'est pas un prétendant, et que les coups d'Etat ne sont pas du domaine de sa famille (1). Et, tandis que la patrie n'est pas encore désillusionnée, tandis qu'elle suit encore des sentiers qui ne conduisent pas à la vérité, il reste dans un exil volontaire ; il se contente de mettre le doigt sur la plaie et d'élever la voix pour indiquer le remède, et il attend, dans une royale attitude, une *parole* de la part de la France, et une *heure* de la part de Dieu.

Voilà l'espoir, voilà le salut ! Maintenant, s'il s'agissait de donner une conclusion à ces quelques considérations sur les gouvernements de la France, je ne saurais mieux faire que de citer un texte qui résume admirablement tous les principes sur lesquels je me suis appuyé, un passage de ce sublime manifeste que l'on a regardé comme une inspiration de saint Louis sur les lèvres de Bossuet :

« Une nation chrétienne ne peut pas impunément

---

(1) Le comte de Chambord écrivait à M. Hyde de Neuville, en 1844 : « Je regarde les droits que je tiens de ma naissance comme appartenant à la France, et bien loin qu'ils puisssent devenir, dans un intérêt personnel, une occasion de trouble et de malheur pour elle, je ne veux jamais remettre les pieds en France que lorsque ma présence sera utile à son bonheur. »

déchirer les pages séculaires de son histoire, rompre la chaîne de ses traditions, inscrire en tête de sa constitution la négation des droits de Dieu, bannir toute pensée religieuse de ses codes et de son enseignement public. Dans ces conditions, elle ne fera jamais qu'une halte dans le désordre, elle oscillera perpétuellement entre le césarisme et l'anarchie, ces deux formes également honteuses des décadences païennes, et n'échappera pas au sort des peuples infidèles à leur mission. »

La question est nettement posée : à la France de choisir, à Dieu de l'éclairer ! *La parole est à la France et l'heure est à Dieu.*

Oui, Dieu la fera sonner cette heure, mais peut-être lorsqu'il sera trop tard, car il est le Dieu des miséricordes, mais il est aussi le Dieu de la justice, et l'heure qu'il fera sonner sera peut-être une heure terrible, si la France ne la prévient en prononçant la parole attendue. Mais pourquoi, ô France, hésites-tu à la prononcer, cette parole ? Crois-tu qu'elle te sera fatale ? Crois-tu qu'elle évoquera de nouveaux malheurs ? Oh ! c'est que tu t'es égarée, c'est que l'on t'a trompée. C'est que tu t'es abandonnée à de fâcheuses illusions, c'est que tu t'es laissé abuser par de fausses espérances. Tu as entendu tant de voix hypocrites ; tu as lu tant de journaux menteurs qui ont fini par t'aveugler de tant de préjugés ; tu as vu toi-même le trône déshonoré par tant de gouvernants indignes de leur mission , que tu t'es mise à répéter : « Le roi , c'est l'ancien régime ; le roi, c'est la vengeance ; le roi, c'est le despotisme ; le roi, c'est le tyran. »

Non, France ! tu t'es trop légèrement confiée à des gouvernements d'aventure, qui n'ont préparé que ta perte, et tu as méconnu le véritable caractère de tes rois, qui t'ont faite et qui t'ont sauvée. Le roi, ce n'est pas l'ancien régime. Il l'a dit : « J'ai toujours cru, et je suis heureux de me voir ici d'accord avec les meilleurs esprits, que désormais la cour ne peut plus être ce qu'elle était autrefois (1).» Le roi, ce n'est pas la vengeance. Il l'a dit encore : « Je ne suis point un parti , et je ne veux pas venir pour régner par un parti. Je n'ai ni injure à venger, ni ennemi à écarter, ni fortune à refaire, sauf celle de la France ; et je puis choisir partout les ouvriers qui voudront loyalement s'associer à ce grand ouvrage(2).» Le roi, ce n'est pas le despotisme. Il l'a dit aussi : « On dit que je prétends me faire décerner un pouvoir sans limite. Plût à Dieu qu'on n'eût pas accordé si légèrement ce pouvoir à ceux qui, dans les jours d'orage, se sont présentés sous le nom de sauveurs ! Nous n'aurions pas la douleur de gémir aujourd'hui sur les maux de la patrie (3).»

(1) Lettre au duc de Noailles , 22 décembre 1850.
(2) Manifeste du 8 mai 1871.
(3) Les lettres du comte de Chambord ont été publiées. On pourrait en extraire un magnifique programme et en former une magnifique constitution.

Le roi, c'est celui qui dit : « Ce que je demande, vous le savez, c'est de travailler à la régénération du pays ; c'est de donner l'essor à toutes ses aspirations légitimes ; c'est, à la tête de toute la Maison de France, de présider à ses destinées, en soumettant avec confiance les actes du gouvernement au sérieux contrôle de représentants librement élus.» Le roi, c'est le seul qui puisse dire : « Je serai appelé, non seulement parce que je suis le droit, mais parce que je suis l'ordre, parce que je suis le fondé de pouvoirs nécessaire pour remettre en sa place ce qui n'y est pas et gouverner avec la justice et les lois, dans le but de réparer les maux du passé et de préparer enfin un avenir. » Le roi, c'est enfin le seul dont on puisse dire avec de Bonald : « En vain le fanatisme révolutionnaire, creusant de plus en plus en plus l'abîme où il a entraîné la France, repoussera la seule main qui puisse l'en retirer ; en vain l'ambition osera former de criminelles espérances ; en vain la calomnie, qui s'attache à ses premiers pas, le défigurera pour que ses peuples ne puissent le reconnaître, il règnera, ou la société entière descendra avec la France dans le tombeau : la France aura son Roi, ou bientôt l'Europe n'aura plus que des tyrans. » Le roi, en un mot, c'est *Henri V.*

XI

Au terme de cette rapide étude, il importe de rappeler les principes généraux qui en forment le point de départ, afin de découvrir leurs conséquences relatives au temps présent qui en forment la conclusion.

Ces principes se résument dans l'ingérence que Dieu se réserve dans les affaires humaines, en vertu de sa domination, qui pourrait être absolue par·suite de ses droits de créateur, mais qu'il daigne tempérer en faveur de l'homme par la concession du *libre-arbitre*. C'est par le moyen de cette faculté que tous les hommes, et toutes les agrégations d'hommes·que l'on nomme *des peuples,* concourent à la fin pour laquelle Dieu les a placés sur la terre. Chaque peuple, comme chaque individu, a donc une mission plus ou moins importante, qu'il doit remplir dans le cours d'une vie plus ou moins étendue.

Nous avons vu que nul peuple de l'antiquité n'a fait exception à cette règle, et que la logique demande qu'il en soit de même des peuples qui leur ont succédé. Effectivement, nous avons constaté que les peuples modernes ont passé ou passent encore par chacune des phases qui ont marqué l'existence des peuples anciens, c'est-à-dire qu'ils ont eu un commencement, qu'ils sont arrivés progressivement au terme de leur maturité, et que nous les voyons décliner et vieillir. La concordance que l'on peut remarquer entre la vieillesse de ces peuples et le phénomène de *la Révolution*, porte à conclure que ces phénomènes sont corrélatifs, et que l'un n'est que la conséquence de l'autre.

Mais j'ai ajouté que le christianisme était venu apporter une modification essentielle à la loi commune de l'humanité, et par conséquent une différence également essentielle entre les peuples qui l'avaient précédé et ceux qui devaient se former sous sa divine influence. Je n'ai pas développé ces derniers points, à cause des considérations que je devais faire sur l'état de la France, nation qui a été prédestinée à influer profondément sur le sort des nations chrétiennes. Il reste donc à jeter un rapide coup d'œil sur le spectacle du monde actuel, afin de constater l'altération que lui a fait subir l'idée révolutionnaire, de rechercher l'heureuse transformation qui pourra s'opérer en lui par le retour de l'idée chrétienne, et enfin de découvrir le rôle que devra jouer la France dans cette sublime opération.

Le premier sentiment que l'on éprouve à l'aspect de la situation générale du monde, est celui d'u profond étonnement. Mais ce premier sentiment s combine bientôt avec un double et irrésistibl sentiment d'inquiétude et d'effroi, d'inquiétude pour le présent qui semble suspendu sur un abîme, et d'effroi pour l'avenir dont les profondeurs sont remplies de lugubres apparitions. L'idée révolutionnaire plane sur le monde comme un nuage chargé d'électricité, et qui semble n'attendre que le premier éclair pour se répandre en trombes dévastatrices. L'attitude de la société, considérablement affectée de cette idée, peut se comparer naturellement à celle de l'Océan sur lequel règne le calme précurseur de l'orage, et qui semble n'attendre que le premier coup de vent pour se soulever en vagues furibondes et franchir les limites que Dieu lui a prescrites. De toutes parts, en un mot, éclatent au souffle de la Révolution des signes avant-coureurs de quelque cataclysme sans exemple dans les fastes de l'humanité.

Tout, en effet, dans les idées, dans les mœurs, dans les aspirations, dans les besoins de la société moderne, tout se ressent de la fatale influence de la Révolution, tout fait pressentir une catastrophe générale qui sera le dénouement de la crise révolutionnaire. Un malaise vague qui n'a aucune cause apparente, mais que rien ne peut apaiser, se combine avec un irrésistible besoin de repos et de tranquillité que rien ne peut satisfaire. D'un côté, l'on propage des idées de paix, l'on proclame avec emphase des principes de fraternité, l'on prépare une ère de civilisation dont on n'aura jamais vu d'exemple ;

mais de l'autre, l'on se livre à des armements
exagérés, l'on perfectionne les instruments de mort
avec une habileté que le génie de la destruction
doit trouver incomparable, l'on se regarde d'un œil
plein de convoitise, et il suffit du moindre prétexte
pour bouleverser une nation et pour bouleverser
le monde.

C'est que la Révolution a tout altéré dans les
rapports internationaux de peuples à peuples, dans
les rapport sociaux de citoyens à citoyens, et dans
les rapports religieux des hommes à Dieu.

Dans les rapports internationaux, plus d'autre
loi que l'intérêt, plus d'autre diplomatie que la
ruse, plus d'autre droit que la force. L'équilibre
européen, la Révolution en a fait un problème,
elle en a fait un nœud gordien qu'Alexandre seul
peut trancher. Elle a remplacé cette théorie surannée
par celle des nationalités, ç'est-à-dire par une
immense imposture qui jette l'agneau dans la gueule
du loup, la Pologne dans les mines de Sibérie et
l'Alsace sous les pieds de la Prusse. C'est le *Prince*
de Machiavel qui règne et qui remplace par les
discours sur Tite-Live le *droit des gens* et autres
codes internationaux que rédigeaient autrefois Watel
ou Grotius. Florence a bien eu raison d'honorer
d'une statue le grand citoyen qui fait loi dans ce
siècle, et qui n'a eu que le malheur de se fourvoyer
dans le moyen âge. Les traités, même les traités
de Paris, sont des feuilles de papier, et les fortes

puissances savent bien le prouver. La protection accordée au faible est un plein pouvoir concédé au fort, et les garanties officielles se traduisent toutes par ce mot : *Faites-vite.*

La raison du plus fort est toujours la meilleure,

et Lafontaine, dit Bismark, a parfaitement raison. En résumé, souveraineté du but, légitimité du fait accompli, droit de la force, tels sont les principaux articles du code révolutionnaire adopté par le présent et qui doit régler le sort de l'avenir.

Dans les rapports sociaux, la Révolution se charge bien de faire suivre aux citoyens une route parallèle à celle des peuples. Nous avons vu les conséquences qui découlent naturellement des dogmes révolutionnaires. Ces dogmes renversent tout simplement les bases de l'ordre social. Le peuple oublie quelles sont les fonctions des membres et les fonctions de l'estomac. Il se retire sur le mont Aventin, mais nul ne daigne lui expliquer la fable romaine, et l'on se garde bien d'en deviner la morale. Et le peuple déserte le mont *sacré*, et, muni de pétrole et guidé par l'évangile des *Droits de l'homme*, il va fonder sur des ruines la religion du socialisme. *La propriété c'est le vol,* s'écrie-t-on, et les chartes des chiffons. Les *tricoteuses* donnent la main aux *pétroleuses*, et l'on couronne l'œuvre révolutionnaire. Oh ! que la reconnaissance de la patrie a bien raison d'élever une statue à Voltaire et d'ouvrir le Panthéon aux grands hommes de l'*Encyclopédie !* En résumé , les peuples recueillent de ces belles théories , comme on l'a dit , la liberté des esclaves , la fraternité de Caïn, et c'est le bourreau qui se charge de leur donner l'égalité.

Dans les rapports religieux , la Révolution a beau proclamer l'existence de l'*Etre suprême* et s'agenouiller devant l'infame *Raison ;* elle n'en est pas moins impie pour cela , et athée dans toute la force du terme. Sa croyance n'est autre que cet athéisme doctrinal qui s'appelle le *Rationalisme* et qui exclut l'idée divine sous quelque forme qu'elle se présente, et sa morale n'est autre que cet athéisme qui s'appelle l'*Indifférence* et laisse la porte ouverte à tous les déréglements de la volonté. On l'a dit : « *la loi est athée et elle doit l'être,* » et dans le fait le gouvernement et la législation, par la reconnaissance de tous les cultes et par l'adoption d'aucun, professent ouvertement cette doctrine. L'oubli et le mépris de Dieu est un dogme nécessaire de la religion révolutionnaire , et c'est encore là une des causes qui élèvent la perversité de la Révolution à un degré inouï jusqu'à elle.

Telles sont les conséquences rigoureuses du système révolutionnaire dans les relations internationales , sociales et religieuses des hommes ; telles sont les causes qui font de la période révolutionnaire une période à part parmi les périodes dans lesquelles l'on peut renfermer l'histoire de l'humanité. La période ancienne , qui nous présente les agissements des hommes en dehors de la vraie religion , nous présente également le système de grandes agglomérations par le moyen desquelles les Etats les plus forts parvenaient à la domination universelle, tombaient en dissolution et étaient remplacés par un nouvel Etat qui atteignait les mêmes proportions. Après l'introduction du Christianisme dans le monde , apparut le système féodal , qui parvint à un degré de perfection reconnu même par Montesquieu. La période moderne met en usage le système d'équilibre européen , système qui opposait l'intérêt général à l'intérêt particulier , et qui avait encore cela de bon. Quant au système révolutionnaire , qui domine la période contemporaine , on sait qu'il tend à renouveler le système païen dans ses dernières conséquences.

La Révolution tend à renouveler le système païen dans les trois relations dont je viens de parler : dans les relations internationales, vu qu'en faisant prévaloir l'intérêt sur le droit, elle livre le faible à la merci du fort et les grandes agglomérations au profit d'un seul peuple que le christianisme était venu dissoudre, l'élimination de l'idée chrétienne les rend possibles , que dis-je ? conduit nécessairement à leur accomplissement ; dans les relations sociales, vu que la corruption païenne s'accrédite à proportion que le christianisme perd du terrain et que l'excès de civilisation est plus à craindre que l'excès de barbarie, *corruptio optimi persima ;*

dans les relations religieuses, vu que le polythéisme et l'idolâtrie peuvent soutenir victorieusement la comparaison avec l'athéisme absolu et le culte brutal de la seule matière.

Par suite de ce renouvellement, l'attitude des diverses nations de l'Europe tend invinciblement à faire pressentir une crise plus violente même que celle qui détermina l'écroulement du monde païen. Considérons-les, en effet, en elles-mêmes et dans leurs rapports réciproques.

L'on met généralement en présence les races latines et les races de dénomination différente, telles que les races germaines et les races slaves. Qu'entend-on, d'abord, par races latines ? L'on ne doit pas évidemment répondre par la question d'origine, puisque la corruption antique était incapable de rien produire, et que, du reste, les nations qui représentent ces races ne peuvent s'assigner qu'une origine barbare. On doit donc entendre par nations de race latine les nations qui se sont constituées sur les débris de l'empire romain, par le mélange du sang indigène et du sang barbare à l'époque des invasions. Cette dénomination peut aussi provenir de la formation de l'idiome où domine l'élément latin. Quoi qu'il en soit, les nations latines sont les plus vieilles de l'Europe, et un terrible ennemi a lancé contre elles le mot de *déclin.* C'est avec cette persuasion que Bismark a attendu avec confiance l'issue du conflit franco-prussien, et l'étude superficielle de ces nations pourrait bien justifier jusqu'à un certain point le mépris du ministre allemand.

Je ne parle pas de la France, qui est à leur tête, et qui, de même qu'elle a joui des magnifiques prérogatives attachées à son titre de *Fille aînée de l'Eglise*, a de même ressenti les cruelles conséquences dérivant de son nom adoptif de *Fille aînée de la Révolution*.

Je ne parle pas non plus de l'Autriche, qui n'est pas d'origine exclusivement latine, mais qui cependant, humiliée et vaincue une fois par les canons rayés, une autre fois par les fusils à aiguille, paraît bien, pour le moment, incapable de recouvrer son ancienne splendeur et d'acquérir un rang supérieur parmi les puissances européennes. Mais l'Espagne et l'Italie fournissent des preuves bien éclatantes de ce que peuvent être la vieillesse et la décadence des peuples.

Quant à l'Espagne, les douloureuses péripéties qui agitent ce pays, jadis si florissant et prédominant en Europe, et qui, plus récemment, avait si héroïquement résisté à l'invasion napoléonienne, prouvent bien sa faiblesse et son égarement. L'invasion du choléra occasionna dans ce pays, en 1834 et en 1835, sous l'inspiration révolutionnaire, des excès contre la Religion qui ne peuvent se comparer qu'aux persécutions exercées contre les Juifs par la superstition populaire, dans des siècles réputés des *siècles de ténèbres*. La Révolution intenta contre le clergé l'absurde accusation d'avoir empoisonné les fontaines, et cela dans un siècle réputé le *siècle des lumières*. Tout récemment, après un certain nombre d'années de dépérissement sous le gouvernement de la reine Isabelle, et après le détrônement de cette reine, la nation espagnole se démène dans une révolution stérile et pitoyable l'espace de trois années, au bout desquelles des Cortès usurpatrices la jettent sous le sceptre d'un étranger, dont le peuple accueille l'avènement par l'assassinat de Prim et par la représèntation d'une comédie qu'on intitule : *Macaroni Ier*. Donc, quelles que soient la durée et l'administration de ce gouvernement d'aventure, sitôt que l'heure de sa disparition sonnera, le pays sera de nouveau fatalement réduit à s'agiter stérilement au milieu des manœuvres des conspirateurs et à se débattre sous les étreintes boueuses d'une débile anarchie.

Quant à l'Italie, on sait ce qu'elle a été, lorsque, obéissant à sa constitution, qui en faisait une confédération florissante, elle donnait, sous Léon X, le spectacle d'un grand siècle littéraire et artistique qui, sous certains rapports, défie toute rivalité. *La littérature est l'expression de la société*, a-t-on dit, et l'on peut étendre cette qualification à toutes les branches du génie humain. Or, une société qui produit de telles merveilles ne peut être qu'une société mûre et parvenue au plus haut degré de sa véritable civilisation. Mais, depuis l'invasion révolutionnaire, la prospérité de la Péninsule a reçu de graves atteintes. De nos jours, dès que l'empereur des Français, organe de la Révolution, de concert avec les prétendus libérateurs de ce pays, avait résolu l'unité italienne, l'accomplissement de cette œuvre, d'abord réputée absurde et impossible par tous les partis (1), fut considéré comme certain. Tout sembla favoriser l'ambition et l'agrandissement du Piémont, d'abord l'alliance française qui fit Solferino, ensuite l'alliance prussienne qui fit Sadowa et répara Custozza et Lissa. Enfin la complicité du gouvernement français dans les affaires de Naples et de Rome mit la dernière main à l'édifice. Il ne manquait qu'un facile couronnement. Ce couronnement, Napoléon III l'opéra en livrant Rome au moment où il partait pour Sedan. Le roi d'Italie est enfin parvenu *au fond*, et il ne reste qu'une conséquence logique à tirer, et qui le sera tôt ou tard pour la consommation de l'œuvre révolutionnaire. Mais est-ce à dire pour

(1) « L'unité politique de l'Italie, écrivait d'Ancône un correspondant des sociétés secrètes, est une *chimère* ; mais chimère plus sûrement que réalité, cela produit toujours un certain effet sur les masses et sur la jeunesse effervescente. Nous savons à quoi nous en tenir sur ce principe : il est vide et il restera toujours vide ; néanmoins, *c'est un moyen d'agitation.* »

cela que l'Italie est devenue plus grande et plus forte? Evidemment non. Son agrandissement n'a été qu'un acheminement plus rapide vers sa décomposition, et elle ne s'est fortifiée que contre elle-même. Le pouvoir révolutionnaire actuel, dans l'intérêt de sa conservation, doit prévenir le plus possible les conséquences de ses propres principes; mais il cèdera tôt ou tard la place à un pouvoir mieux approprié à la circonstance etqui saura faire éclater, dans toute sa splendeur, le règne de la Révolution.

Voilà quelle est la situation des principaux représentants des races latines. Et, en regard de ces races abaissées, quelles sont les races qui aspirent à les remplacer à la tête de l'Europe? Les races germaines et les races slaves. Le pangermanisme et le panslavisme ne seraient bientôt plus un problème, et l'unité des peuples qui concourent à leur formation, unité bien plus importante que celle de l'Italie et dont on se moquait tant auparavant, se dresse maintenant en face de l'Europe avec tout l'orgueil et toute la menace d'un fait accompli. Le mot de Bismark, son insulte vomie contre les races latines, avait été dit avant lui ; Pierre le Grand avait lui-même jeté son dévolu sur l'*Occident pourri*, et son testament lègue à ses successeurs une tâche que ceux-ci n'oublient pas et dont ils ne laissent passer aucune occasion de s'acquitter. Ainsi l'Allemagne, conquise et agrandie par l'héritier d'un prêteur sur gages, est une

menace perpétuelle pour là France qu'elle a vaincue et qu'elle défie de venger l'humiliation des
races latines ; et la Russie, qui a fini par absorber
la Pologne et qui n'attend que le moment propice
pour donner le coup de grâce à l'empire ottoman,
est une menace également perpétuelle pour les
contrées riveraines du Bosphore. Voilà donc deux
races, considérablement agrandies, parfaitement
unifiées et démesurément ambitieuses, qui se dres-
sent devant une multitude de nations inférieures
qu'elles méprisent, qu'elles convoitent, et qu'elles
conspirent peut-être de se sacrifier. Notez bien
encore qu'on les a vu tendre la main, par delà
les mers, à une autre race, jeune, puissante et
ambitieuse, qu'il ne serait pas impossible de voir
un jour intervenir dans les affaires d'Europe. J'ai
nommé les Etats-Unis.

Et que représentent ces races ? Le schisme et
l'hérésie. De sorte que, voyant la Prusse protestante et la Russie schismatique se dressant grandes
et fortes devant des peuples catholiques vaincus et
humiliés, dont le Chef spirituel lui-même est en ce
moment captif et sera peut-être martyr, certaines
intelligences étroites pourraient être tentées d'établir, entre les fausses et la vraie religion, un parallèle qui ne serait pas en faveur de la dernière.

Eh bien ! oui, nous devons le confesser en rou-
gissant, la comparaison entre les disciples de
Pierre et les disciples de Luther et de Photius est

à l'avantage de ces derniers. Les hérésiarques peuvent tressaillir d'aise à la vue des lauriers moissonnés par les soutiens de leur œuvre Mais est-ce à dire que la cause de la décadence des nations catholiques doive être imputée aux principes de l'Eglise de Rome ? Est-ce à dire aussi que la prospérité des nations hérétiques et schismatiques doive être attribuée aux principes de l'Eglise de Genève et de Saint-Pétersbourg ? Non, et nous pouvons au moins garder la consolation de soutenir notre négation à la face de la terre, et d'affirmer l'espoir d'un salut certain de la part de nos principes religieux, sur lesquels se déversent en ce moment tant de mépris et tant de calomnies. Non, il serait ridicule de soutenir que le principe générateur de toutes les vertus pût porter à la corruption et à la décadence, comme aussi il le serait d'affirmer que l'absence plus ou moins prononcée de ce principe pût être une cause essentielle de vigueur et de prospérité. Les peuples païens étaient bien encore plus loin de la vérité que les peuples hétérodoxes, ce qui n'empêcha pas le peuple romain de parvenir à une extension plus considérable que celle même de la Russie. L'on vit bien le mahométisme étendre son empire sur un grand nombre de nations chrétiennes ; mais qui oserait placer la raison de ces succès dans la supériorité du Coran sur l'Evangile ? Mais il n'est pas téméraire d'affirmer que si des peuples catholiques ont pu être éclipsés par des peuples hétérodoxes , ce n'est pas qu'ils aient eu trop de religion , c'est au contraire qu'ils en ont manqué.

C'est l'esprit de la Révolution qui est venu altérer leurs croyances , et qui a par cela même porté une cruelle atteinte aux principes constitutifs de leur gloire et de leur vitalité , tandis que les peuples actuellement prospères n'ont pas encore laissé s'inoculer dans leurs veines ce virus délétère. Ces derniers peuples , étant plus jeunes, ont moins prêté à la contagion que les peuples dont la vieillesse était déjà avancée. La Révolution avait déjà opéré d'affreux cataclysmes en France , que la Russie et l'Allemagne n'en avaient pas subi la moindre atteinte. Mais leur tour viendra , et l'heure n'est peut-être pas éloignée où ce géant exterminateur de la prospérité des peuples exercera sur ces pays ses plus terribles ravages , et les courbera sous le joug de sa plus cruelle tyrannie. Les doctrines révolutionnaires, colportées par des associations ténébreuses, s'introduisent partout , et nul peuple de l'Europe moderne ne peut se flatter de barrer le passage au torrent débordé et de réprimer les effets de son courroux. Les clubs en plein air des *internationaux* et les loges secrètes des *carbonari* ne se gênent pas trop pour développer leurs théories , même dans les Etats les plus conservateurs. La Russie connaît déjà quelque chose de cette puissance subversive , et peut-être en est-elle gênée dans ses opérations ambitieuscs. La Prusse elle-même a quelque raison de s'en inquiéter. Elle a vu des hommes qui, comme Jacobi , manifestaient hautement leurs sympathies pour les peuples qu'elle combattait , et d'autres hommes qui, comme Karl Max , présidaient l'Internationale.

Il n'est donc pas bien difficile , en regard des sinistres lueurs qui sillonnent l'horizon de l'Europe, de prédire des orages et des tempêtes. Il n'est pas téméraire d'affirmer que la situation est d'une gravité inquiétante , et que cependant elle doit avoir un dénouement. Or , quelle peut être la portée des conjectures humaines sur les événements qui se préparent ? Quel résultat est-on fondé à attendre de la crise que traverse le mondre , et dans laquelle tous les peuples , armés les uns contre les autres , semblent prêts en même temps à tourner les armes contre leur propre sein ? Ne semble-t-il pas que la question ne puisse être tranchée que par la guerre, par une guerre décisive où de grands intérêts seront débattus et où le sort de l'avenir sera fixé ? Ne semble-t-il pas que la guerre seule soit capable de rétablir un certain ordre dans les affaires internationales comme dans les affaires intérieures de chaque nation ? Et enfin, si l'on n'avait à juger que d'après les probabilités humaines , la victoire ne devrait-elle pas rester au plus fort , à celui qui semble assumer sur lui toutes les chances de succès ?

Non, ce n'est pas le plus fort qui doit triompher, et la situation déjà si anormale que présentent les sociétés chrétiennes ne peut ressembler entièrement à celle que présentaient les sociétés païennes. Le paganisme, lorsqu'il avait jeté les Etats du monde sous le sceptre d'un seul, ne pouvait que faire aboutir cette immense unité à une déplorable décomposition. Il en serait de même du monde nouveau, si l'élimination du christianisme parvenait à renouer la chaîne de la tradition païenne. Mais il n'en sera pas ainsi, grâce à la divine religion qui vint renouveler la face de la terre, et qui ne laissera pas périr une œuvre qu'elle avait si glorieusement opérée. Non, le monde ne peut retomber dans les funestes conséquences du système païen, et s'il doit encore, comme tout le présage, passer par de grandes et douloureuses épreuves, tout porte à croire qu'il en sortira victorieux, et qu'il développera toutes les heureuses conséquences d'un système devenu pleinement chrétien.

S'il est vrai que le christianisme est venu apporter une différence essentielle entre les anciens et les nouveaux peuples, il doit être également vrai que les peuples catholiques, après être sortis épurés des revers amenés par l'oubli de leurs principes, reprendront avec éclat le rang majestueux qu'ils ont longtemps occupé dans le monde. La religion qui vint ranimer l'univers ne peut évidemment amener sa dissolution, et les peuples n'ont faibli que parce qu'ils l'ont abandonnée. L'on a bien parlé du déclin du christianisme comme du déclin des peuples chrétiens, mais ce sont là des calomnies aussi grossières que gratuites. Jamais peut-être le flambeau de la foi n'avait brillé d'un si radieux éclat que dans ces temps de défaillance ; jamais peut-être l'idée chrétienne n'avait remporté de plus solennel triomphe que dans ces temps où toutes les puissances de l'enfer semblent déchaînées contre elle. Et c'est là le gage d'un invincible espoir et d'un infaillible succès.

Les plus grands génies des temps ont prévu une ère de prospérité sans pareille, succédant à une ère de désolation inouïe, par suite de la victoire de l'idée chrétienne sur la Révolution. Ils ont dit, avec de Maistre, qu'il faut « nous tenir prêts pour un *événement immense de l'ordre divin*, vers lequel nous marchons avec une vitesse accélérée qui doit frapper tous les observateurs (1). » Chateaubriand lui-même, dans une étude éloquente sur la situation du monde, s'exprimait ainsi : « Un nouveau monde se prépare ; mais, pour y arriver, il faudra traverser la décomposition sociale et en temps d'anarchie. » Mais le génie chrétien n'ignore pas quelle sera la main assez puissante pour constituer ce monde nouveau. « Le christianisme, poursuit-il, commença dans les catacombes, perça la terre

____

(1) *Soirées de Saint-Pétersbourg.*

pour monter dans les temples , fit briller sur le monde la vérité, se répandit avec elle dans les villes, dans les villages , gagna les campagnes, et s'établit de proche en proche sur le globe. Aujourd'hui , il se replie , quitte peu à peu la foule, rentre dans les églises , d'où il redescendra dans les catacombes pour en sortir de nouveau et changer une seconde fois la face de la terre. »

La religion chrétienne seule peut opérer la transformation du monde, et l'instrument de prédilection dont elle se servira, c'est la France. De Maistre se complait dans cette idée : « Le grand événement de ce siècle, dit-il , n'est pas une révolution politique, ce sera une révolution morale , et c'est la nation française qui doit être l'instrument de cette révolution, qui sera la plus grande des révolutions. » Le grand philosophe, en une foule d'autres endroits, répète cette pensée si élogieuse pour notre patrie : « Il est dit que chaque nation, comme chaque individu , est chargée d'une mission ; celle de la France , qui a toujours été la même , est bien extraordinaire dans ce moment. La France est le cœur du monde ; je la vois s'avancer vers une gloire immortelle ; il n'y en a pas, il n'y en a pas eu, il n'y en aura jamais de semblable. « *Quanta nec est, nec erit, nec visa prioribus annis.* »

Pour en venir là , la France a besoin d'une régénération complète ; mais nous avons déjà vu quels sont les moyens qui peuvent lui procurer cette régénération et la soutenir dans l'exercice de sa divine mission. Mais cette régénération de la France peut avoir un contre-coup immense dans le reste de l'Europe et du monde. La France est surtout l'âme des races latines, et son influence peut être décisive sur le sort des nations qui composent ces races.

En commençant par l'Espagne, on sait qu'il est un prince qui est pour ce pays ce qu'Henri V est pour la France. Ce prince, éloigné d'un trône qui lui appartient de droit divin, a fait connaître à sa patrie les intentions qui l'animent, l'intérêt qu'il lui porte et le bonheur qu'il est prêt à lui donner. Les manifestes de don Carlos de Bourbon ont toujours été appuyés sur les mêmes principes que ceux du comte de Chambord, c'est-à-dire sur la légitimité de la royauté héréditaire et chrétienne, qui est inséparable de la constitution de leur pays, et qui est un élément indispensable de sa prospérité. N'est-on pas fondé à croire que la restauration du principe religieux et monarchique en France pourrait avoir un contre-coup salutaire dans la Péninsule hibérique ?

Quant à l'Italie, la difficulté est plus grande. La maison de Bourbon avait largement participé au gouvernement de ce pays comme à celui de l'Espagne. Mais la confédération italienne s'est évanouie devant la réalisation du rêve révolutionnaire, et ce qui n'était qu'une utopie présente maintenant tous les caractères d'un fait accompli. Dans ces conditions, la seule restauration du Saint-Siége , qui est une nécessité pour l'ordre politique comme pour l'ordre spirituel, ne peut s'accomplir qu'au milieu de grands changements. Si la France , en effet, avait une volonté assez ferme pour entreprendre cette œuvre et une main assez forte pour l'exécuter, le problème attendrait toujours une solution. Les Etats pontificaux, d'une faible importance territoriale, se trouverait toujours en présence d'un voisin plus fort et plus ambitieux, qui trouverait, quand bon lui semblerait, un prétexte suffisant pour déterminer un *casus belli*. Et qu'on ne parle pas de la parole de la France ni de la garantie européenne. Qui ne voit qu'au premier embarras de la France, l'ennemi serait à Rome? Et qui pourrait répondre des sentiments de l'Europe ? Que faudrait-il donc pour amener une solution satisfaisante de la question italienne? Le simple rétablissement de l'ordre des choses qui existait dans la Péninsule avant les débordements de la Révolution française. Cette tâche n'est pas au dessus des forces de la France, et le pays qui, par le moyen d'un gouvernement d'aventure, a pu réaliser l'unité de l'Italie et disperser les éléments de sa véritable constitution, saura bien, par le moyen d'un gouvernement légitime, détruire l'œuvre révolutionnaire et reconstituer l'édifice où chaque siècle avait apporté une glorieuse pierre.

Ce qui se dit de l'unité italienne peut également

se dire de l'unité germanique. Car la France , par le moyen du même gouvernement, a d'abord toléré par son silence l'organisation de cet ouvrage , et y a participé dans la suite par sa défaite. Par suite de la revanche de la France et du réveil de la foi dans les Etats subalternes engloutis par la Prusse, l'Allemagne pourrait bien se reconstituer en confédération, et recouvrer ainsi son ancienne splendeur et son ancienne indépendance. Ne pourrait-on pas en dire autant de l'unité russe ? Le réveil de la foi orthodoxe dans toute l'Europe, au sortir de la crise suprême que l'on pressent, ne pourrait-elle pas faire du czar schismatique un empereur vraiment chrétien, et remplacer le servilisme des popes par le zèle indépendant des prêtres ordonnés dans l'Eglise romaine ? On parle d'arrêter les débordements de cette puissance. Mais ces débordements pourraient aller se briser contre des barrières infranchissables, d'abord par la résurrection et la reconstitution de la Pologne catholique qui n'est peut-être pas tout à fait aussi morte qu'on pourrait le croire, ensuite par le raffermissement de l'Autriche qui peut trouver dans le catholicisme un baume efficace pour cicatriser ses navrantes blessures, et enfin par la transformation de la puissance turque en puissance chrétienne , au profit, par exemple, de la Grèce régénérée.

On voit par là quel harmonieux équilibre peut résulter pour le monde du réveil du christianisme, et l'on sait que , si les efforts de l'homme peuvent se briser contre quelque impossibilité , rien n'est impossible à la toute-puissance de Dieu. Le christianisme peut produire , dans ces derniers temps , des merveilles comparables à celles que produisirent ses premières manifestations. « Tout annonce, dit de Maistre , je ne sais quelle grande unité vers laquelle nous marchons à grands pas. » Ne voit-on pas , en effet , éclater, de toutes parts, de magnifiques symptômes de cet admirable événement ? Ce qui reste de chrétien au sein des nations qui déclinent, faute de christianisme , n'est-il pas un gage précieux de ce qu'elles seront un jour quand elles possèderont la plénitude de la foi ? L'Angleterre , par le mouvement vers le centre de l'Eglise, qui prend de jour en jour des proportions plus considérables, comme par la liberté qu'elle est portée à accorder aux contrées catholiques de ses Etats, ne donne-t-elle pas déjà une idée de ce qu'elle sera un jour ? Et si nous étendons les regards au delà de l'Europe, n'y trouverons-nous pas de grandes espérances et de grandes consolations ? Les feuilles religieuses nous ont entretenu d'un immense mouvement des sectes orientales vers le centre de la foi catholique. Ce réveil de quelques contrées schismatiques ne peut-il pas se généraliser et réaliser enfin cet heureux temps où l'on ne verra plus qu'un seul troupeau et qu'un seul pasteur ? *Et erit unum ovile et unus pastor.*

« Espérance ! espérance ! s'écriait encore de
Maistre ; saluons de loin cette unité ! » Oui, saluons-
la, cette unité, qui n'est peut-être pas si éloignée
qu'on pourrait le croire. Mais quelle que soit la date
de cet *immense événement de l'ordre divin*, tout
porte à croire à sa magnifique réalisation. Ce n'est
pas que l'on ne doive frémir à l'aspect des tempêtes que la Révolution tient suspendues sur l'humanité ; mais l'on doit être assuré de la victoire définitive de la religion chrétienne. Cette religion, qui
fit éclore la société chrétienne du sein de l'antique
corruption, fera renaître plus belle et plus glorieuse cette même société du sein de sa propre décadence. Espérance ! saluons cette régénération,
saluons l'unité chrétienne !

FIN.

ERRATA.

Page 11, ligne 11, au lieu de : *des êtres les plus petits,* lisez : *des êtres, des plus petits.*

Page 33, ligne 12, au lieu de : *puissante,* lisez : *puissance.*

Page 37, ligne 23, au lieu de : *connenion,* lisez : *connexion.*

Page 39, ligne 22, au lieu de : *révolutionnaire,* lisez : *réactionnaire.*

Page 45, ligne 15, au lieu de : *des temps,* lisez : *du temps.*

Page 57, ligne 9, au lieu de : *charge,* lisez : *charger.*

Page 87, ligne 5, au lieu de : *porteront,* lisez : *supporteront.*

Page 61, lignes 26 et 27, lisez : *constituante* au lieu de *législative.*